プロジェクトとしての論文執筆

修士論文・博士論文の執筆計画

大迫 正弘

砂原 美佳

關谷 武司

関西学院大学出版会

は じ め に

　本書は、名古屋大学大学院法学研究科（法制度設計・国際的制度移植専門家養成プログラム、以下、リーディング大学院）でおこなっている「プロジェクトマネジメント」講義のテキストとして作成したものである。法学研究科でプロジェクトマネジメントの講義というのはいささか場違いと思われるかもしれない。しかし、司法試験に合格して裁判官・検事・弁護士といった法曹界での仕事につくばかりが法律関係者の仕事ではない。研究者として法学や政治学を研究する仕事もある。また、法律を作ったり使ったりする仕組みを作ることや、法律を使う人材を育てることも法律関係者の重要な仕事である。このような仕事を「法制度整備」という。計画経済から自由経済へ移行した国や、長期におよぶ内紛からようやく抜け出た国では、法制度整備は国造りの重要な第一歩となる。そして、そのような法制度整備にはしばしば先進国の協力が求められ、それに協力する法律関係者は国際協力プロジェクトで働くことになる[*]。プロジェクトで働くうえでプロジェクトマネジメントの知識は必須のツールとなる。そういう理由から、法学研究科でもプロジェクトマネジメントを学んでいる。

　また、後述する「独自な成果を創造する有期の業務」というプロジェクトの定義に照らすと、修士論文や博士論文の作成も、2年あるいは3年といった限られた時間（有期）のなかで調査・執筆し、学問の世界に新たな発見をもたらす（独自）という意味で、プロジェクトである。そうであれば、論文の執筆をより着実に、より効率的に進めるうえで、プロジェクトマネジメントの考え方やツールを用いることはきわめて有効だということになる。

　さらに、共同研究をおこなう場合、プロジェクトとしての様相はますます強くなる。複数のメンバーが集まってチームをつくり、必要な作業を洗い出

---

[*] 日本の外務省は、「世界各地の開発途上国に対し、立法支援や制度整備支援をおこなう法制度整備支援は、良い統治（グッド・ガバナンス）にもとづく開発途上国の自助努力を支援するとともに、開発途上国が持続的成長を実現するために不可欠な基盤づくりを支援するものである」との観点から、「基本法及び経済法の関連分野において積極的な法制度整備及び運用の支援」を進めている（外務省ODAホームページ平成25年5月より）。

して分担を決め、作業計画を立て、予算を決め、活動を実行し、その間つねにチーム・メンバーのモチベーションの維持をはかるという、これらの活動はプロジェクトそのものである。実は、名古屋大学リーディング大学院の博士課程の学生には、みずからチームリーダーとなって共同研究をおこなうという課題が課せられている。研究メンバーをリクルートし、研究テーマを決め、作業を分担し、それらをすべて先導しコーディネートすることになる。これはまさにプロジェクト・マネジャーの仕事である。

　このような背景のもと、名古屋大学リーディング大学院では、プロジェクトマネジメントの講義を4日間の集中講座としておこなっている。講義では、PCMやPMBOK®といったプロジェクトマネジメントの考え方とツールを紹介し、それらのツールを用いて論文執筆プロジェクトの計画を立てる演習をおこなう。授業では、まず各学生に自己紹介を兼ねて自分の研究テーマを発表してもらう。全員の研究テーマを聞いたうえで、学生たちで話し合って、グループ演習で取り上げるテーマをひとつ選ぶ。そして、プロジェクトマネジメントの講義を聞き、理論とツールを学んだうえで、演習として、取り上げたテーマの論文執筆計画を立てる。研究テーマを絞り込み、調査日程をたて、執筆日程をたて、必要経費を見積もり、リスクを洗い出し、リスク対応策を立てる。これだけの作業を1人でやるのは大変だが、グループ演習だと、みんなで知恵を出しあい、議論をし、冗談をいって笑っているうちに綿密な計画ができあがっていく。演習に自分の研究テーマを取り上げられた学生はもうけものだが、ほかの学生も演習の過程で自分の研究計画のイメージを頭の中に思い描くことができる。そして、後日、課題として、各自が自分の論文執筆プロジェクト計画を作って提出する。

　われわれ講師陣は、このクラスの指導をおこないながら、論文執筆をプロジェクトととらえて研究計画を立てることが、プロジェクトマネジメントの学習として、また論文執筆指導の一部として、きわめて有効であることを実感している。そしてそれが、法律関係に限らず、あらゆる論文執筆に有効であることを確信し、本書の執筆を計画したものである。

　本書の構成は以下のとおり。

第1章でまず論文とは何かを解説する。論文とはどういうもので、エッセイや感想文とどう違うのか、論文執筆の目的と価値など、学部生にも理解してもらいたい内容から始め、修士論文・博士論文とは何で、卒業論文とどう違うのかといったところを解説する。

　第2章でプロジェクトマネジメントに入る。ここでは、プロジェクトとは何か、プロジェクトをマネージするとはどういうことか、そして論文執筆もプロジェクトであることを解説する。

　第3章以下はプロジェクトマネジメントの各プロセスの詳細な解説である。プロジェクトマネジメントは、立ち上げ・計画・実行・監視コントロール・終結というプロセスをたどる。本書では、第3章で立ち上げ、第4章で計画、第5章で実行・監視コントロール、第6章で終結を紹介する。

　第3章はプロジェクトとしては立ち上げ段階であり、研究としては研究テーマを絞り込む段階である。ここでは、国際協力の世界で広く長く使われてきた参加型プロジェクトマネジメント手法であるPCM（Project Cycle Management）を用いて、研究テーマを取り巻く社会状況の分析をおこなう。分析をとおして社会状況を広くとらえたうえで、そこから研究テーマ、研究トピック、リサーチ・クエスチョンと絞り込む。リサーチ・クエスチョンが決まると調査するべきことがほぼ決まるので、それをふまえて、論文執筆プロジェクトの構成（ロジックモデル）を考える。

　第4章はプロジェクト計画の段階である。ここではプロジェクトマネジメントの実質的世界標準であるPMBOK®（ピンボック）に準拠して、論文執筆のスケジュール、コスト、品質、リスクに関する計画を立てる。

　第5章はプロジェクトとしては実行・監視コントロールの段階で、まさに調査をして論文を書く段階である。ここでは、論文執筆の進捗管理と計画の変更管理について解説する。

　第6章はプロジェクトの終結プロセスで、論文執筆のプロセスとしては論文審査である。ここでは論文審査のプロセス、審査を受けるにあたっての準備や心構え、さらに審査する側の視点などについて解説する。ここまでで個人の論文執筆のプロジェクトマネジメントは完了である。

　第7章では共同研究に関して解説する。プロジェクトマネジメントとして

は個人の論文執筆と基本的に同じだが、複数のメンバーで共同作業をおこなう際の注意事項について解説する。

　第8章は、名古屋大学リーディング大学院で本講義を受講した学生諸君が、その後、プロジェクトマネジメントを論文執筆にどのように活用しているかをお伝えする現場レポートである。

　なお、読者諸氏にぜひ講義と演習の雰囲気を味わっていただきたいという思いから、冒頭で授業の実況中継を試みた。また、本文中には授業で用いたプレゼンテーション・スライドを付し、各所で写真を紹介した。少しでも授業の雰囲気が伝われば幸いである。

　また、第3章で社会状況の分析ツールとしてPCMを用いるが、PCMとしては応用的な使い方なので、本来のPCMを知りたい方のために、補遺に「PCMハンドブック」を添付した。

　なお、本書は、論文執筆をプロジェクトとしてとらえてプロジェクト計画を立てることに関してはあらゆる分野を対象としているが、研究テーマの絞り込み（第3章）に関しては社会科学系の分野を対象としている。

　執筆は、おもに論文および論文審査の部分を砂原と關谷が、プロジェクトマネジメントの部分を大迫が担当した。

　本書の出版にあたっては、名古屋大学リーディング大学院の学生さんを含め、多くの方々のご支援ご協力をいただきました。この場を借りてお礼申し上げます。とくにお名前をあげたいのは、リーディング大学院のプロジェクトマネジメント講義をともに担当してくれた、NPO法人PCM Tokyoの仲間である高橋佳子さんと久野叔彦さん、他大学のテキストの出版を快く引き受けてくださった関西学院大学出版会、そして私の論文指導をしてくださっている北陸先端科学技術大学院大学の梅本勝博教授です。みなさん、心から、どうも、ありがとうございました。

2015年8月

大迫　正弘

目 次

はじめに　iii
目　次　vii

「論文執筆プロジェクトマネジメント」授業実況中継 ‥‥ xi

第1章　論文とは ……………………………………… 1
1.1　大学でレポートや小論文を課される理由　2
1.2　論文はエッセイや感想文とどう違うのか　3
1.3　論文執筆の実利的意味　6
1.4　論文にはどういうものがあるか　7

第2章　プロジェクトとしての論文執筆 ……………… 11
2.1　プロジェクトとは何か　12
2.2　プロジェクトマネジメントとは何か　14
2.3　プロジェクト・サイクル　16

第3章　立ち上げプロセス：研究テーマを決める ……… 21
3.1　論文執筆プロジェクト　22
3.2　研究テーマの絞り込み　23
　3.2.1　なぜ研究テーマを絞り込むのか　24
　3.2.2　研究テーマの階層性　25
3.3　現状分析　26
　3.3.1　関係者分析　27
　3.3.2　問題分析　31
　3.3.3　ループ図　34
3.4　リサーチ・クエスチョンへ　37
3.5　プロジェクト・ロジックモデル　38

第4章　計画プロセス：執筆計画を立てる …………… 41

- **4.1** WBS　42
- **4.2** スケジューリング　47
  - 4.2.1　所要期間見積もり　49
  - 4.2.2　作業順序設定　50
  - 4.2.3　クリティカル・パス　51
  - 4.2.4　スケジュール・バーチャート　56
  - 4.2.5　作業負荷の平準化　56
- **4.3** コスト見積もり　61
- **4.4** 品質マネジメント　64
- **4.5** リスク管理計画　66

第5章　実行プロセス：執筆する …………………… 75

- **5.1** 進捗モニタリング　76
- **5.2** 変更管理　79

第6章　終結プロセス：論文審査 …………………… 81

- **6.1** 学位取得までの流れと心構え　83
- **6.2** 中間発表（予備審査）　85
- **6.3** 自己チェック　85
  - 6.3.1　論文のタイトルは適切か　85
  - 6.3.2　資料の扱い方　86
  - 6.3.3　論文審査　86

第7章　共同研究のプロジェクトマネジメント ………… 91

- **7.1** プロジェクトチーム編成　92
- **7.2** スケジューリング　93
- **7.3** 人的資源管理　94
- **7.4** コミュニケーション管理　96
- **7.5** 進捗モニタリング　99

7.6 プロジェクトチーム管理　101
　7.6.1　キックオフ・ミーティング　101
　7.6.2　チーム育成　102
　7.6.3　リーダーシップ　103

第8章　プロジェクトとしての論文執筆 実践例 …… 107
8.1　プロジェクトマネジメント導入の背景　108
8.2　共同研究プロジェクトへの活用と課題——学生の視点から　110
　8.2.1　共同研究プロジェクトの概要　110
　8.2.2　プロジェクト運営上の試み　115
　8.2.3　課題　117
8.3　法学・政治学研究へのプロジェクトマネジメント適用の利点と課題　119
　8.3.1　利点——専門の外から社会問題をみる　120
　8.3.2　課題——専門的なリサーチ・クエスチョンの設定　121

資料　論文執筆プロジェクト計画文書一式 ………… 123
補遺　PCMハンドブック ……………………… 129

あとがき　155
索　引　157

「論文執筆プロジェクトマネジメント」
授業実況中継

　2014年11月の4日間に、名古屋大学法学研究科（リーディング大学院）にて、修士論文・博士論文の執筆をプロジェクトとしてとらえてプロジェクト計画（研究計画）を立てる授業をおこないました。クラスは修士課程と博士課程の混成クラス。留学生が多いため授業は英語です。内容はPCMとPMBOK®を用いたプロジェクトマネジメントの講義と演習ですが、演習テーマが修士論文・博士論文の執筆プロジェクトです。修士論文は2年間、博士論文は3年間のプロジェクトとしてとらえ、研究テーマの絞り込みから、スケジューリング、コスト見積もり、リスク分析などをおこないます。学生さんたちにとっては、まさに現下の最大の課題であり目標である論文執筆について、グループ演習をおこない、仲間たちと話し合い、分析し、計画する、貴重な機会となりました。

　まずは、自己紹介を兼ねて、各自の研究テーマを説明してもらいます。そのあと、演習単位となる小グループに分かれ、グループごとに話し合って、演習で取り上げる研究テーマを決めます。今回の小グループはふたつ。Aグループは国営企業の民営化、Bグループは国際調停をテーマとして選びました。

プロジェクトマネジメントの概要について講義を聞いたあと、演習に入ります。まずは研究テーマの絞り込みから。漠然と思い描いている研究テーマに関して、そのテーマを取り巻く社会状況を PCM を使って分析します。写真は関係者分析。テーマに関連する関係者を書き出し、類型化してグループに分けます。

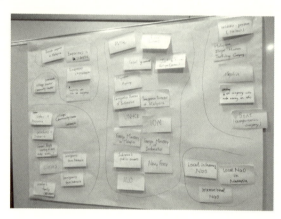

　それら類型化した関係者グループの中から、研究テーマに最も深く関わっている関係者グループ、あるいはとくに論文で取り上げたい関係者グループをいくつか選び、それぞれについてその規模（人数）、社会的位置づけ、ニーズ、抱えている問題などを詳細に分析します。

次は問題分析です。論文のテーマを取り巻く問題状況を、原因・結果の関係で分析します。ここは広く分析するのがミソです。まずは状況を広く分析して、次に、この中のどこのどういう問題のメカニズムが未解明であるかを確認し、その問題を論文のテーマとします。つまり、問題系図全体を見渡しながら、研究テーマ、研究トピック、リサーチ・クエスチョンと、徐々に絞り込んでいくのです。

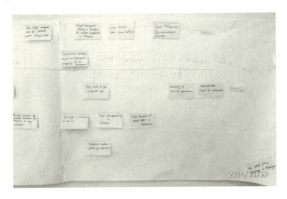

研究テーマが決まり、リサーチ・クエスチョンまで固まると、いよいよ論文執筆計画の立案です。ここからはプロジェクトマネジメントの実質的世界標準 PMBOK® を使います。まず、論文執筆でおこなう作業を WBS（Work Breakdown Structure）を使って詳細化します。

こちらのグループも、熱心に議論しながらWBSの作成です。WBSはプロジェクトマネジメントの核となるものです。スケジューリングも、コスト見積もりも、リスク分析も、このWBSを使っておこなわれます。だから、WBSはしっかり作っておく必要があるのです。

WBSの発表です。
　Aグループは、国営企業の民営化がテーマです。

Bグループは、国際調停がテーマです。
さすがは法学研究科。テーマが難しい。

WBSの各作業間の依存関係を明らかにし、さらに、作業ごとの所要期間とコストを見積もります。

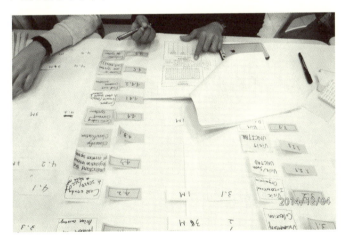

クリティカル・パスの計算方法の説明です。

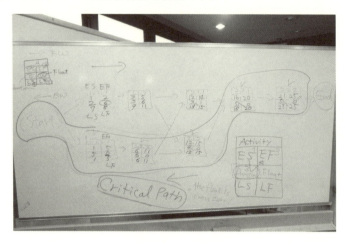

すべての作業の依存関係をPDM（Precedence Diagramming Method）を用いて図にし、これを使ってクリティカル・パスの計算をします。

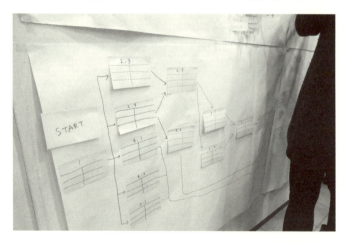

クリティカル・パスも確認され、スケジュールを表したバーチャートができました。なんとか期限内に論文を書き上げられそうです。

こちらのグループは、並行作業が多く、作業負荷が大きくなることが懸念されます。こういうことがわかれば、この時点で、作業の実施時期をずらすなどして、負荷を調整します。

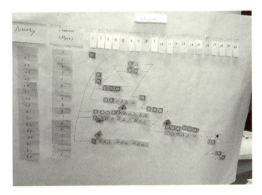

スケジュールが決まり、コストの見積もりもできたら、最後にリスク分析をします。資金、健康、人間関係など、いろいろとリスクは考えられます。「研究対象がインタビューに応じてくれない」などという深刻な問題も想定されます。これらのリスクを、影響度・発生確率マトリックスにプロットします。

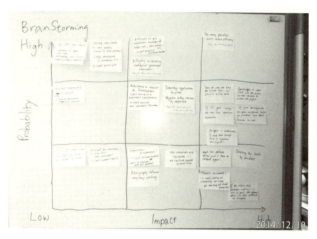

　リスクが想定されたら、リスク対応計画を立てます。リスクをモニタリングし、リスクが現実化する予兆が認められたら、予防対策や発生時対策を発動させます。備えは万全です。

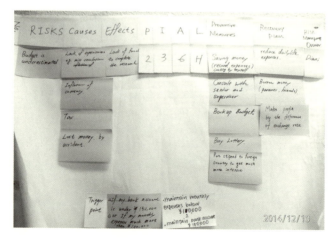

研究計画が完成しました。あとはこのスケジュールどおりに実行あるのみです。論文執筆の見通しが立ってきました。嬉しそうです。

修士論文・博士論文の執筆。大変なのはこれからです。ですが、人生でもきわめて実りの多い挑戦の時期。若さにものをいわせて、がんばりましょう！

第 *1* 章

論文とは

第1章

論文とは

1.1 大学でレポートや小論文を課される理由

　高校から大学に進学すると、勉強の仕方の違いに戸惑うことが多々ある。まずは膨大な講義一覧表やシラバスとにらめっこし、自分独自の時間割を作っていく。高校時代にも科目を自分で選ぶ機会はあるが、大学の講義科目の選択はその比ではない。そのときに、やはり一番気になるのは、「きちんと単位が取れるのだろうか」ということであろう。真面目に講義に出席して講義内容を習得していくことは当然として、その成果を学期末テストで測られるのか、レポートや小論文の提出を命じられるのか。どういう傾向があるかは学部や学科で異なるが、レポートや小論文が課される講義科目がかなりあるのではないだろうか。それは、高校までの学習が、与えられた基礎基本の習得に重きが置かれているのに対し、大学では自ら学ぶことが求められているという違いに起因する。

大学でレポートや小論文を課される理由

■高校までの「学習」
- これまで人類が確立してきた「知」に関する基礎基本を「学習」
- 評価は習得状況を測るテスト

■大学での「学問」
- これまでの人類知には無い新しいことを「問う」
- 評価は自らの考えを表明するレポートや小論文

小学校でおこなわれる教育は初等教育、中学校・高校での教育は中等教育と呼ばれる。そして大学以上でおこなわれる教育は高等教育という。これは世界的にみても変わらない。さて、高等教育とそれ以前の教育は何が違うのだろうか。教科書を例にとってみると、高校までは、参考書や副読本などの副教材もさまざまにあるものの、一応教科書として指定されている図書がある。国が決めているところもあれば、学校単位で決めていいところもある。ところが、大学の講義ではどうだろうか。担当教員の執筆した専門書が教科書として指定されることもしばしばあるように、同じ講義科目名であっても担当者が変われば同じ教科書が使われることはまずない。

　なぜなのか。

　それは、高校までの教育段階では、暫定的であったとしても、これまで人類が確立してきた「知」に関する基礎基本を「学習」しているからである。だから、知識の集約を学ぶに便利な「教科書」なる書籍が重宝される。しかし、大学での学びは、その基礎基本を超えた高度な内容を「学習」するだけではなく、これまでの人類知には無い新しいことを「問う」のである。だから「学問」というのである。それはきわめて能動的な探求であり、個々人が考え、新しい知を発見していく活動なのである。

　それゆえに、大学の講義終了時には、学習内容の習得状況を測るための学期末テストだけではなく、自らの考えを表明するレポートや小論文が課されることが多いのである。

1.2　論文はエッセイや感想文とどう違うのか

　レポートや小論文を課せられて、何をどう書けばいいのかわからない学生は多い。教えられてこなかったのだから当然である。日本では、高校までの課程でも、大学入学後のカリキュラムにも明示的な論文作成指導は組まれていない。だから、大学2年生を対象とした講義でも、課題の採点評価をおこなっていると、講義の感想を長々と記述している「作文」に出くわすことがある。そして、近年、大学での学びの総括としての卒業論文の作成指導をしないまま卒業させる日本の大学が増えつつあるようだ。

> ## 論文はエッセイや感想文とどう違うのか
>
> ■エッセイや感想文
> - 個人的体験をベースに
> - 自分の思い、感想、考えなどを自由な形式で書く
> - 記述は主観的でよい
> - 「起承転結」
>
> ■論文
> - 理論や根拠に基づいて
> - 自分独自の主張を論理的に述べる
> - 記述は事実に対して客観的に
> - 「序論・本論・結論」

　そもそも「論文」とはどういうものなのか。「エッセイ」や「作文(感想文)」などとはどう異なるのか。

　「作文(感想文)」は、小学生のころから、遠足や校外学習のたび、あるいは夏休みの課題として書かされた経験が誰にでもあるだろう。そこでは、各人がどういう体験をして、どんなふうに感じたのかを述べることが期待されている。「エッセイ」もそういう意味では同様に、自分自身のこれまでに得た個人的な印象や思いつきなど、あるいはそれを積み重ねた自分なりの考え、価値観、時には人生観なりを自由に描写していくものである。それらには普遍的な真実や法則、論理性などは求められたりしない。主観的に、「私は……と思う」と記述すればよく、そこに価値があるといってもいいのだろう。

　他方、「論文」(ここではレポートや小論文も含めて)は、読者が筆者の意図を文字どおり正確に理解できるものでなければならない。読者をすべて筆者の意図に賛成させるということではなく、読めば筆者の言わんとするところはわかるということである。そのためには、客観的な裏付け、つまり根拠が必要であり、それをふまえた論理展開が求められる。その根拠の具体例としては、自らおこなった実験や調査で得たデータ、先行研究等の文献・資料、特定の理論などである。これらを裏付けとして引用・参照して、誰もが納得できる妥当性のある論理展開がなされ、結論に帰着することが論文の必須条件となる。そして、「私は……と思う」ではなく、「事実はどうなのか」

という独自の判断が示される必要がある。繰り返すが、もちろんそれに対する反論があっても構わない。

次に、「エッセイ」などは、読者を惹きつけるためにストーリー性があり、「起承転結」といった展開で進むのが一般的である。これに対して、「論文」は問いに対する答えや考えという内容でなければならず、そのため、「序論・本論・結論」という型を持つ。

「論文」というものは、調査、実験、思索などを重ねた研究成果の発表として、社会に向けて公表するものである。自己顕示欲に駆られ書くものでも、業績を作り上げるために書くものでもない。「書きたいから書く」のではなく、「書き残す必要性がある」から書く。「論文」は、われわれ人間や社会にとって重要な問いや解決すべき課題に対して答える使命を負っているものである。社会的意義が問われるものなのである。それゆえに、世界中の人がわかり得るように、「序論・本論・結論」という形式で、根拠をもって論理的に記述していくのである*。

人類は、長い歴史の中で知を積み重ねて発展してきた。誰一人として、その恩恵と隔絶して独自の知見のみで生きる者はいない。私たち一人ひとりも、その知の蓄積を継承し、さらに発展させてゆくべき存在なのである。だから、まず自分が取り上げる課題は何で、これまで先人たちはどういう成果を上げてきたのかを整理する。そして、その流れの中で、まだ残されている問題は何で、それに対して自分は何を明らかにするのかを述べる（序論）。そして、その目的達成に最も妥当な方法論を述べ、それに従って得られた結果を提示する（本論）。最後に、自分が明らかにできたことをまとめて記述する（結論）。このように表現すると講義の小論文からずいぶん飛躍したように感じるが、本質は同じである。

---

* もちろん、学問分野によって形式は同じではない。医学系の論文や理工系の論文と、社会科学系の論文では構成もかなり違う。それぞれの形式は、章末に示したような論文執筆ガイドブックなどを参照のこと。

1.3 論文執筆の実利的意味

大学で学ぶ人は、誰でも論文を書けるようにならなければならないのか。研究職ではなくビジネスなどの世界に出る人にまで、どうして論文を書く能力が必要なのか。

論文執筆の実利的意味

- 妥当性ある論理的思考獲得のための知的トレーニング
- 話せることと書けることは違う
- グローバル人材にとっての必須コミュニケーション能力

それは、現実の社会で生きていくためにも、人は日々直面するさまざまな課題を解決していく必要があり、それには論理的思考が求められるからである。いつも勘や感情のまま、すべてのものごとを決めている人はいない。より良い選択をするために、盛んに関連情報を収集し、妥当性の高い分析をやろうとするのである。ビジネスで商品開発をおこなうときでも、市場調査を実施する必要がある。その調査手法が妥当でなかったり、結果の解析が稚拙であれば、有益な成果は得られない。加えて、論理的な文章が書けなければ、報告書もまともに作成できない。感情論に訴え、熱意だけ前面に出しても賛同者を募ることはできず企画は何も進まない。

それだけではない。日本の中等教育を終えて、大学に入学した人なら誰でも日本語を話すことはできる。ところが、この話せることと、論理的文章を書くことは同じ能力ではない。話し言葉を録音して、それをテキスト情報に直してみるとすぐわかる。頭に浮かんだ考えを口から吐き出すだけの文章には、主部が無い、述部が曖昧、繰り返しが多い、内容に飛躍がある、抽象的な指示語などが多い、などなど……。とても論理的な筋の通ったものではない。その結果、その場にいる人はわかったような気分になっても、正確なことはもう一度確認しなければわからない。長い間この島国の中で生きてきた

日本人は、ハイコンテクスト*な環境で育ってくるので、それでもある程度はわかりあえ、日常生活はやっていけるが、これから社会に出て行けばそうはいかない。ビジネスの世界で商談をまとめるときにも、曖昧な合意形成は許されない。ましてや、グローバル化社会といわれる時代、生まれ育った背景が異なる異文化の外国人と共存、競争していくためには、論理的思考ができることは不可欠である。

特別に論理的思考を養う知的トレーニング、すなわち論文を書けるようになる指導が必要になるのだ。

1.4 論文にはどういうものがあるか

「論文」と名のつく学術文書にはさまざまなものがあるが、まず学術雑誌で公刊される学術論文、原著論文（Journal, Transaction）があげられよう。これは査読（peer review）に合格しないと雑誌に掲載されない。査読は同じ分野の研究者が通常2人以上でおこない、早くても数カ月程度から長いもので1年以上かかることもある。3段階程度で評価され、たとえば、A評価なら無条件で掲載される。通常なかなかこの評価はもらえない。B評価なら、掲載可能だが修正を求められる。その程度は幅広く、論文体裁の修正、図表の体裁や数字の振り方のような仔細なもの、英語と米語の違い、引用文献のアップデイトなどから、論点をより明確に記述し直しとか、かなり大掛かりな構成の変更を求められることもある。C評価の場合は、根本的な書き直し、あるいは不合格のため掲載不可である。他方、このような査読がおこなわれない場合もある。大学が発行する紀要や研究報告などの雑誌では、査読が課されずに掲載されることが多い。この場合、著者の研究業績としては評価が低く取り扱われるのが通例である。

---

* アメリカの文化人類学者エドワード・T・ホール（Edward T. Hall）が「文化のコンテクスト度」という概念を『Beyond Culture』の中で述べた。「文脈」や「背景」に共通点が多い社会は「ハイコンテクスト文化」といわれ、言語を介しないコミュニケーションが図られやすい。

論文にはどういうものがあるのか

■学術論文
　　原著論文（査読論文）
■学位論文
　　卒業論文・学士論文（Bachelor thesis）
　　修士論文（Master thesis）
　　博士論文（Doctoral thesis, Dissertation）
■その他
　　レポート
　　小論文
　　報告書

学術雑誌掲載論文とは別に、学位論文（thesis）と呼ばれるものがある。すなわち、博士論文、修士論文、卒業論文である。以下、個別に見てみよう。

(1) 卒業論文・学士論文（Bachelor thesis）

　学部卒業のために書くものである。それまでに学んだ専門分野の基礎知識、図書館を使った情報収集、レポートなどの文章の書き方など、すべての大学教育の集大成ともいえる。多くの学生にとってははじめて書く本格的な「論文」なので、社会に何か新しい知見をもたらすほどの内容を求められているわけではないが、他方で「興味があったので調べてみた」程度の文書であってはならない。先行研究に学びながら課題を取り上げ、その解決を誰が読んでも明確に理解できるように論理的に述べなければならない。

(2) 修士論文（Master thesis）

　大学院へ進学する。ここはもう「学習」の場ではない。「学問」の場である。自らこれまでの人類知である先行研究を分析し、課題を発見し、たとえその一部であろうとも解決を試みる。それを論文として取りまとめる。研究者としての第一歩であり、本格的学術論文作成の試作版といってもよいであろう。ただし、修士論文も成果としての知的貢献より、研究者の卵として論文作成のプロセスに習熟することが期待されていると考えられよう。

(3) 博士論文（Doctoral thesis, Dissertation）

「博士」と呼ばれる人には、課程博士と論文博士がある。博士課程に在籍して学位審査に合格した者に授与される課程博士と、博士課程に在学していない、あるいは修了後久しい期間が過ぎて後、論文が学位審査に合格した者に授与される論文博士がある。課程博士として認められる博士論文の場合は、はじめての本格的学術論文ともいえよう。

博士論文は原著論文に似ているが、査読を経て学術雑誌に公刊される論文よりも長く、学術書並みの分量となる。通常、ひとつの論文はひとつの中心的な問題（命題）について書かれるが、博士論文にはそれらが複数含まれていて、あるまとまったテーマに関する研究成果をもたらす規模とレベルが求められる。そして、社会に向けて公表することが期待され、学術書籍として公刊する著者も多い。

これら以外にも、レポートや、小論文、報告書と呼ばれるものもある。

レポートも、自分の主張を論理的に提示する意味では論文に同じだが、テーマや課題が与えられており、字数も限定的で、独創性を発揮するには限界がある。小論文と呼ばれるものは、学術的な性格を帯びたものから、入学試験や入社試験などでも課されたりする作文に近いものまである。いずれも論理的に文章を作成し、自らの考えを展開していくことが期待されるのは「論文」に共通する。

報告書とは、なんらかの事象について状況を把握し、文書として報告をあげるために作成されるものである。数枚程度の簡単な会議報告から、公的機関が作成するような数百ページに及ぶような膨大な報告書まである。読者に明確に理解されるために、信頼に足る根拠を用いて論理的に文書が展開されていくのは論文と同じである。こう書くと混乱を招くかもしれないが、やはり論文と報告書は同じものではない。両者の違いを述べるものとして、学術雑誌の投稿規定などを参照してみよう。次の引用は、『国際開発研究投稿規定』に記載されているものである。

「論文は、先行研究の到達点を踏まえた課題設定を行い、一定の仮説・方法で分析を行い、合理的に結論を導出することにより、当該分野の研究史に

オリジナルな貢献をするものを指す。報告は、海外調査研究や国際開発の状況等について報告するもので、原著論文とは性格を異にする。」

さて、それでは、次章から具体的な文書作成プロセスをみていこう。

参考文献

石井クンツ昌子『社会科学系のための英語研究論文の書き方――執筆から発表・投稿までの基礎知識』ミネルヴァ書房、2011。
Kate L. Turabian「A manual for Writers of Research Papers, Theses, and Dissertations Chicago Style for Students and Researchers」沼口隆・沼口好雄［訳］『シカゴ・スタイル　研究論文執筆マニュアル』慶應義塾大学出版会、2013。
川﨑剛『「優秀論文」作成術――プロの学術論文から卒論まで』勁草書房、2012。
河野哲也『レポート・論文の書き方入門』慶應義塾大学出版会、2012。
国際開発学会『国際開発研究』Vol. 10, No. 1, pp. 139、2001。
斉藤孝・西岡達裕『学術論文の技法』日本エディタースクール出版部、2011。
花井等・若松篤『論文の書き方マニュアル――スッテプ式リサーチ戦略のすすめ』有斐閣アルマ、2012。

第2章

プロジェクトとしての論文執筆

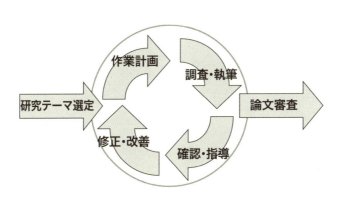

第2章

プロジェクトとしての論文執筆

2.1 プロジェクトとは何か

　論文執筆をプロジェクトとして計画するということだが、そもそもプロジェクトとは何なのか。まずそこから確認しよう。プロジェクトマネジメントの実質的な世界標準となっているPMBOK®(ピンボック)*では、プロジェクトは以下のように定義されている。

　「プロジェクトとは、独自のプロダクト、サービス、所産を創造するために実施する有期性のある業務である。」(PMBOK® ガイド第5版、2013年)

　「独自」は英語では「unique(ユニーク)」。唯一の、前例がない、ということ。したがって、プロジェクトはこれまでに生み出したことのないユニークな製品や財やサービスを生み出す業務である。前例のないものを生み出す試みだから「創造」する業務なのである。また、「有期性」とは期間に定めがあるということ。締め切りがあるということだ。まとめると、プロジェクトとは、「前例のない独自な製品や財やサービスを定められたある一定期間内に創造する業務」、ということになる。
　古い話で恐縮だが、かつて、アメリカのケネディ大統領が、1960年代中

---

*　PMBOK® (Project Management Body Of Knowledge) は、米国のPMI® (Project Management Institute) が定めたプロジェクトマネジメントの米国標準であり、実質的な国際標準である。防衛や宇宙開発といった工学系のプロジェクトの経験のなかから生まれたものだが、その適用範囲は工学系にとどまらず、あらゆるプロジェクトを対象にしている。

に人間を月に到達させるとの声明を発表したことがある。アポロ計画である。これは、人類の月面着陸という前例のないことを、1960年代という定められた期間のうちに実現する試みだからプロジェクトである*。これに対して、店舗による商品販売のように、とくに期間の限りなく、昨日売ったものと同じものを今日も明日も売り続けるという業務は、独自でも有期でもないので、プロジェクトではない。こういう業務は定常業務と呼ばれる。

　この定義に照らすと、論文執筆はプロジェクトである。学問の世界に新たな発見と展望をもたらすというのは、前例のない成果を学問の世界にもたらすということで、独自である。それを、修士論文なら2年、博士論文なら3年という定められた期間の中でやりとげなければならないので、有期である。したがって論文執筆はプロジェクトである。そうであれば、論文執筆という作業はプロジェクトマネジメントによって、より適切に、より効率的にマネージされるはずである。

　この定義から派生するプロジェクトの特性として、「段階的詳細化」というものがある。プロジェクトは、今までに生み出したことのない新たなものを生み出す試みだから、先が見えない。可能なかぎり先を見越して計画を立てても、その実施途中にはさまざまな不確定要素が待ち受けている。そのため、初期段階で成果物を詳細に定義したり、完璧なプロジェクト計画を立てることは難しく、成果物定義にしろプロジェクト計画にしろ、徐々に、段階を追って、練り上げ、作りこんでいくことになる。どうしてもそうなるし、そうする必要がある。これをプロジェクトの「段階的詳細化」という。

---

* 　アポロ計画は、英語では、アポロ・プロジェクトではなく、アポロ・プログラムである。プログラムとは、複雑な問題に対処するために、複数のプロジェクトを有機的に組み合わせて全体的・統合的に問題解決をはかる事業と定義されている（『改訂3版 P2Mプログラム＆プロジェクトマネジメント標準ガイドブック』、日本能率協会マネジメントセンター、2014年）。人類初の月面着陸という難事業は、ひとつのプロジェクトで対応できるものではなく、アポロ1号、2号、3号と、数次にわたるプロジェクトの経験を有機的に組み合わせたプログラムによって達成されたものであった。1969年7月20日、宇宙飛行士ニール・アームストロングとバズ・オルドリンがアポロ11号で月面に着陸し、ケネディ大統領の公約は実現された。

> **プロジェクトとは何か**
>
> ■プロジェクトとは、独自のプロダクト、サービス、所産を創造するために実施される有期性のある業務である。
>
> - 有期性とは、どのプロジェクトにも明確な始まりと終わりがあることを意味している。
> - プロジェクトでは、プロダクト、サービス、所産として独自の要素成果物を創造する。
> - 段階的詳細化は、ステップを踏んで開発し、増分となる内容を追加しながら継続することを意味する。

プロジェクトが段階的に詳細化されるということは、「プロジェクトは変更される」ということを意味する。プロジェクトは、定義上、変更を前提とした事業なのだ。論文執筆も計画どおりには進まない。調査が思うように進まなかったり、論文の内容に関して指導教官から何度もダメ出しをされたりする。ただ、論文には一定のスタイルがあり、その作成プロセスにも一定の流れがある。そうであれば、そのスタイルと流れにしたがって進めるのが効率的というものである。最初にその流れにしたがって研究計画を立てておけば、変更が不可避だとしても、そう大きな変更をしないですむ。そして、プロジェクトの進捗を適宜チェックし、進捗状況に応じて最小限の計画変更をおこなえばよい。

2.2 プロジェクトマネジメントとは何か

上記のとおり、プロジェクトは定常業務とは違う。そのため、定常業務を管理するようにプロジェクトを管理しようとしてもうまくいかない。プロジェクトの特性をふまえた、プロジェクトにふさわしい管理をする必要がある。プロジェクトマネジメントというマネジメント手法が発展してきたのはそのためだ。「プロジェクトがうまくいかない原因としては、十分な時間をとらなかったことよりも、定常業務とプロジェクトとの違いを区別しなかっ

> ## プロジェクトマネジメントとは何か
>
> ■プロジェクトマネジメントは、プロジェクトの要求事項を満足させるために、知識、スキル、ツールと技法をプロジェクト活動へ適用することである。
>
> ■プロジェクトの3大制約条件
> 1. 時間：期限内にプロジェクトを完了させること
> 2. コスト：予算内にプロジェクトを完了させること
> 3. スコープ：定められた要件を満たした成果品を生み出すこと

たことの方が大きい[*]」という指摘もあるくらいだ。

では、プロジェクトマネジメントとは何か？

「プロジェクトマネジメントとは、プロジェクトの要求事項を満足させるために、知識、スキル、ツール、および技法をプロジェクト活動へ適用することである。」（PMBOK® ガイド第5版、2013年）

「プロジェクトの要求事項」とは、プロジェクトによって、いつまでに、いくらで、どういう品質の、何を生み出すか、ということで、プロジェクトの目標と考えてよい。しかし、こういったことが要求されるということは、裏返すと、プロジェクトにはこういった制約が課せられるということである。プロジェクトの制約条件は他にもあるが、とくにこの3つ、いつまでに（時間）、いくらで（コスト）、何を（スコープ）生み出さなければならないかという制約をプロジェクトの3大制約条件という。

1. 時間：期限内にプロジェクトを完了させること
2. コスト：予算内にプロジェクトを完了させること
3. スコープ：定められた要件を満たした成果品を生み出すこと

---

[*] 『世界一わかりやすいプロジェクト・マネジメント』サニー・ベーカー、キム・ベーカー、G. マイケル・キャンベル、総合法令、2005年

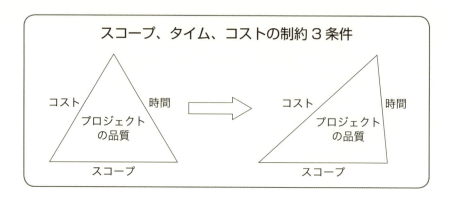

しかし、この条件を満足させるのはそう簡単ではない。なぜなら、これらは互いにトレードオフの関係にあるからだ。上の図の三角形の面積（プロジェクトの品質）を一定に保ったまま時間を短縮しようとすると、コストが増えるかスコープが縮まる。つまり、予算が超過するか、期待した成果を生み出せなくなる。あるいは、コストを安く抑えようとすると、時間が延びるかスコープが縮まる。制約3条件がトレードオフの関係（競合関係）にあるというのはこういうことだ。

　プロジェクトマネジメントは、この、時間、コスト、スコープのバランスをとりながら、プロジェクトの要求事項（プロジェクト目標）を満足させるために、知識、スキル、ツールを駆使してプロジェクトを運営していくことである。幸いなことに、世の中にはすでにその効果が実証済みのプロジェクトマネジメントの知識とツールが体系化され標準化されている。本書で紹介するPCMやPMBOK®がそのひとつである。そして本書は、これらのツールを活用して、効果的・効率的に論文執筆を進めていく方法を紹介するものである。

2.3　プロジェクト・サイクル

　PDCA（Plan-Do-Check-Action）という言葉は、近頃、新聞などでもよく見かけるようになった。もともとQC（品質管理）の世界でシューハートや

第2章 プロジェクトとしての論文執筆　17

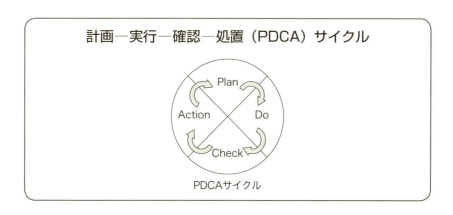

　デミングといった人たちがいいはじめたことだが、別に珍しい概念ではない。ものごとを計画し（Plan）、計画に従って実行し（Do）、実行状況を確認し（Check）、その結果を次の計画に反映させる（Action）という、考えてみれば当たり前の概念だ。たとえば、夕食の支度をするときは、まず頭のなかで料理の手順を考え（P）、調理を始め（D）、ときどき味見をし（C）、塩コショウで味を整える（A）。あるいは、国の財務管理というのは、まず国家予算を策定し（P）、予算を使って事業をおこない（D）、事業の結果を評価し（C）、評価結果を次年度予算にフィードバックする（A）。台所でやっていることも、国家がやっていることも、いずれもPDCAサイクルだ。
　大事なのは、このサイクルを意識して作業や業務をおこなうことである。とくに、適宜、作業の進捗状況や目標の達成状況をチェック（C）して、計画どおりに進んでいない場合になんらかのアクション（A）をとることが重要だ。さもないと、やりっぱなしで、反省も学習もないことになる。プロジェクトの場合は、プロジェクトの中でPDCAを回して作業を進めることも重要だが、プロジェクトをおこなっている組織の中でPDCAを回すことはさらに重要である。つまり、プロジェクトをおこない、そのプロセスと結果を評価して、そこから得た反省や教訓を組織の知的資産として蓄積し、その後のプロジェクトに活かすということである。そうでないと、プロジェクトをやるたび同じ過ちを繰り返すことになる。
　プロジェクトもPDCAで回していくのだが、先の定義のところで見たと

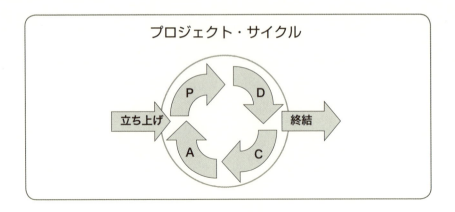

おり、プロジェクトは有期であるため、期間の限りがある。つまり、明確な始まりと終わりがある。そのため、上の図に見るとおり、プロジェクト・サイクルには明確な始まり（立ち上げ）と終わり（終結）がある。それに挟まれるかたちでPDCAサイクルがあり、PDCAサイクルはプロジェクト実施期間中に何度か繰り返される。それぞれのプロセスの概要は以下のとおりである。

◎立ち上げ（Initiation）
　企画立案プロセス、あるいはプロジェクト定義のプロセスともいわれる。プロジェクトを実施する価値があるかどうか、価値があるとして、それが実行可能かどうかを判断するプロセスである。プロジェクトを実施することによって、誰が（投入）、何を（成果物）、何のために（目的）、いくらで（コスト）、いつまでに（期間）、どうやって（方法）実現するのかを明らかにし、文書にまとめる。組織でプロジェクトをおこなう場合には、この文書をプロジェクト関係者（ステークホルダー）に周知し、組織からプロジェクト実施の正式な承認を受けるというプロセスが含まれる。

◎計画（Plan）
　立ち上げ段階で整理されたプロジェクトの概要をもとに、実行のための具体的で詳細な計画を立てるプロセス。プロジェクトが生み出すべき中間成果物と

最終成果物、およびそれを生み出すための作業をすべて洗い出し、それをもとに工程を組み、資源（人員や資機材）を配分し、コストを見積もり、リスク管理計画を立てる。バーチャート（日程表）を作るのはこのプロセスである。

◎実行（Do）
計画を実行するプロセス。ここでは、作業管理、進捗管理、調達管理、コミュニケーション管理、チーム管理、リスク管理といった、プロジェクトの活動を計画どおりに進めていくためのさまざまな運営管理（マネジメント）をおこなう。

◎評価／改善（Check／Action）
プロジェクトが生み出した成果を定期的に監視・測定することによって、計画と実績の差異を明らかにし、差異がある場合は、プロジェクトの軌道修正をおこなうための是正処置を講じる。また、実施途中で現れてくる不確定要素や問題を早いうちに察知し、適切な対策を適切な時期に講じる。

◎終結（Closing）
プロジェクトを終わらせるためのプロセス。期待したとおりの成果が達成できたかどうかを確認し、請負や契約にもとづくプロジェクトの場合は成果物の検収や契約履行などの手続きをおこなう。また、プロジェクトの最終評価をおこない、反省や教訓を、その後のプロジェクトに生かすために、文書化する。プロジェクトチームを編成してプロジェクトをおこなっていた場合は、ここでチームを解散する。

これらのプロセスを論文執筆にあてはめると以下のようになる。
立ち上げ段階は、プロジェクトをおこなう理由（Why）を定義するプロセス、いいかえるとプロジェクトが創り出す「価値」を明らかにするプロセスである。したがって、論文執筆の場合は、その論文が社会にもたらす価値を明らかにする、すなわち、論文であつかう研究テーマ（研究トピック、リサーチ・クエスチョン）を決めるプロセスになる。

研究テーマが決まったら、そのテーマのもと、何（What）をやるかを決めるのが計画プロセスである。調査、データ収集、分析、執筆でおこなう具体的な作業を洗い出し、それぞれに要する時間とコストを計算し、それらの作業をどういう順序でいつやるかを決めてバーチャート（日程表）を作る。

計画ができたら、その計画にしたがって調査や執筆といった作業をおこなうのが実行プロセスである。実行プロセスでは、いかに（How）作業を効果的・効率的におこなうかが課題となる。

そして、実行の折々に指導教官に進捗状況を報告し、指導を受け、調査内容を変更したり、論文を修正したりする。これが評価／改善プロセスである。

最後に、論文審査を受け、めでたく合格し学位を受けるのが終結プロセスとなり、プロジェクトは終わる。

以上をプロジェクト・サイクルの図にあてはめると、下図のようになる。

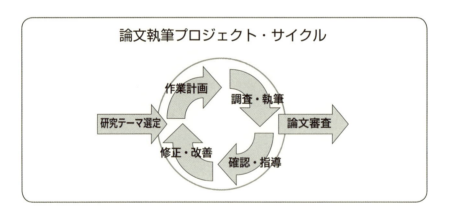

第 3 章

立ち上げプロセス：
研究テーマを決める

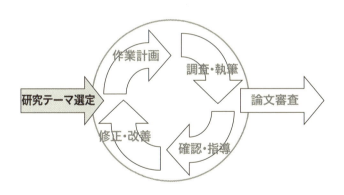

第3章

立ち上げプロセス：
研究テーマを決める

　では早速、論文執筆プロジェクトにとりかかることにしよう。第2章で触れたように、一般的なプロジェクトにおける立ち上げプロセスでは、まずプロジェクトが誰にどのような利益や便益をもたらすのかを明らかにしてプロジェクトの必要性を確認する。必要性が確認されたら、次に、それが実現可能かどうかを検討する。そして、実現可能という見通しが立てば、誰が（投入）、なぜ（目的）、何のために（目標）、何を（成果物）、いつまでに（期間）おこなうのか、どのような制約条件やリスクがあるのか、といったプロジェクトの概要を文書にまとめる。この文書は「プロジェクト・スコープ記述書」と呼ばれ、この文書をもってプロジェクトの概要を関係者（ステークホルダー）に周知する。このように、必要性や実現可能性などの視点から問題を絞り込み、目標を確定し、プロジェクト概要を文書化するまでが立ち上げプロセスである。

　では論文執筆の場合はどうか。以下、本章では、論文執筆プロジェクトの立ち上げプロセスとして、研究テーマを決定し、研究計画書（プロジェクト・スコープ記述書に相当）にまとめるまでをみていくことにする。

3.1　論文執筆プロジェクト

　本題に入る前に、「論文完成までのプロセスは後戻りが当たり前」という点を確認しておきたい。修士・博士論文といった学位論文は、テーマ設定（大まかな問題関心）、先行研究や文献調査、研究テーマ（論文で取り組む課題）の決定、論文構成の構想（研究計画書の作成）、執筆、推敲というプロセス

を経て完成する。以下の記述も、概ねこの順番にそって解説する。しかしながら実際は、これらのプロセスを何度も行ったり来たりしながら、やっとの思いで完成させるものである。文献を集めながら執筆することもあれば、執筆途中で計画の修正を余儀なくされる場合もある。なぜ最初に、この当然な点を確認したいかといえば、論文執筆が計画どおり進まず、後戻りを繰り返すにつれて論文提出を諦めてしまうケースを幾度となく見てきたためである。もし壁にぶつかったなら、次のように考えて進んでほしい。論文執筆プロジェクトにおいて、後戻りは後退ではなく進歩であると。研究テーマに対する思考や認識の水準が向上した結果であり、研究開始時よりも研究テーマが深まった証である。

とはいえ時間を意識することなく、いつまでも行ったり来たりを繰り返すわけにもいかない。そこで役に立つのがプロジェクトマネジメントの思考法なのである。論文完成までの期間を決めたら、本書で紹介する手法を思い出してほしい。

3.2 研究テーマの絞り込み

　Aさんは、社会科学系の大学院修士課程に入学したばかりの1年生である。テレビ番組をきっかけに南アジアB国に興味を持ち、女性に対するDV（Domestic Violence：家庭内暴力）が深刻な社会問題となっていることを知った。Aさんは、これをテーマに修士論文を書くことを決意する。

　「南アジアB国における女性の権利——DV問題を事例として」

　これがAさんの選んだ研究テーマである。Aさんはこのテーマを取り扱った文献を10冊程度読み、研究計画書を作成し、ゼミでの発表に臨んだ。しかし、ゼミで指摘されたのは研究内容ではなく、次のようなものだった。

　「テーマが広すぎる。研究テーマを絞り込むように」

　大学院ゼミでの最初の研究計画発表。準備万端のつもりで発表したものの、上記のような指摘を受けた経験はないだろうか。

3.2.1 なぜ研究テーマを絞り込むのか

第1章で触れたように、論文執筆とは、客観的な根拠にもとづき何かを解明することにより、人類がこれまでに蓄積してきた知の継承とその発展を目指す知的活動である。この意味で、個人的な興味関心にもとづき研究をスタートさせたとしても、それがそのままの形で研究テーマとして適切といえるかは検討を要する。次の5点は、研究テーマを決定する際に考慮されるべき視点の一部である。

研究テーマ決定の視点

1. 執筆期間
2. 研究の重要性
3. 先行研究
4. 研究環境・能力
5. その他

---

1. 執筆期間：修士論文なら2年、博士論文なら3年など、所定の期間で完成が見込めるか。
2. 研究の重要性：個人的な興味関心を超え、社会的・学問的意義があるか。
3. 先行研究：先行研究がある場合もない場合も注意が必要。先行研究がある場合、先行研究の穴を探し、それをふまえて研究の発展方向を探る。先行研究が存在しない・少ない場合、それがなぜなのかを検討する。独創性と重要性は異なる。
4. 研究環境・能力：指導教官の専門分野、これまでの研究実績、外国語を含め専門書を読み込む能力など。
5. その他：安全性、倫理的・法的問題など。

研究テーマが広すぎると指摘されたときには、その理由について、少なくとも上記5点から再検討してみよう。Aさんの場合、執筆期間は実質1年

半、現在の指導教官は暫定的で、1カ月後に主指導教官を選択できることになっている。法律（法社会学、国際私法、家族法）、政治、国際開発、社会学を専門とする先生に指導を仰ぐことが可能だが、実のところ、まだ専門分野を決めかねていた。そのため重要な先行研究を絞り込めずにいる。英語は得意だが、専門書を読む訓練は受けておらず、B国の公用語については学んだことがない。これがAさんの現状である。

　このような状態で、1年半後、Aさんが上記のテーマで論文を書き上げ、「知の継承・発展」に貢献することは果たして可能だろうか。実現性はきわめて低いと判断せざるを得ないのではないだろうか。

　人間が万能でない以上、その能力に限界があるのは当然である。その限界を自分で意識すると同時に、テーマとした部分については全責任を負う。こうした姿勢が「知の継承・発展」につながるのである。研究テーマを絞り込むことが求められる理由はここにある。

3.2.2　研究テーマの階層性

　「立ち上げプロセス」での最終的な成果物は、「研究計画書」である。研究計画書は、通常、下に示した項目から構成される。

研究計画書の内容

1. 研究テーマ
2. 研究目的
3. 研究方法
4. スケジュール

---

1. 研究テーマ：論文の（仮）タイトル。必要に応じて副題を付し、タイトルだけで研究内容が想起されるようにする。
2. 研究目的：計画書の中で最も重要な部分。どのような目的で、どのような研究をおこない、何を明らかにするのかを示す。また研究テーマの学問的・社会的意義について言及する。
3. 研究方法：先行研究をふまえ、テーマに対してどのようにアプローチ

するかを示す。理論研究、実証研究、学際的研究、政策研究など。
4. スケジュール：資料収集・分析、実際の執筆作業など。

研究テーマを絞り込む際には、大きなテーマから小さなテーマへと問題関心を階層化して考えるとよい。それをイメージした図が次の図である。

「研究テーマ」とは、問題関心の大きなカテゴリーを意味する。なお、実際の論文タイトルとなる研究テーマと区別するため括弧付きで表記する。「研究トピック」とは、「研究テーマ」を一段階具体化したもので、「研究テーマ」の一側面や事例がこれにあてはまる。最後に、「リサーチ・クエスチョン」とは、研究をつうじて明らかにしたい具体的問いである。リサーチ・クエスチョン自体も必要に応じてより具体的な問いへと結びつけていく。これをメジャー・リサーチ・クエスチョン（MRQ）、サブシディアリー・リサーチ・クエスチョン（SRQ）と呼ぶこともある。

リサーチ・クエスチョンは論文作成の成功の鍵である。そのため、ある程度自分でたたき台を用意したら、指導教官に相談するなどし、何度も練り直しをしていこう。以下では、その一助として、研究テーマの絞り込みの際に活用できる分析手法を紹介する。

3.3 現状分析

自分の関心をリサーチ・クエスチョンへと絞り込んでいくということは、

社会科学系の研究の場合、ある社会現象を取り上げ、それがどういう社会背景のもとで、どういうメカニズムで起こっているのかを分析し、その構造のなかで、学問的に何がわかっていて何がわかっていないのかを明らかにし、わかっていないことの中から論文で解明する疑問を選択する、というプロセスをたどる。この際、プロジェクトの立ち上げ段階で用いる現状分析ツールを用いることで、分析作業を容易にし、分析内容を目に見える形にして考えることができる。ここでは、現状分析のツールとして、関係者分析、問題分析、ループ図の3種類を紹介する。関係者分析と問題分析は、国際協力の世界で長く使われてきている参加型プロジェクトマネジメント手法PCM（Project Cycle Management）で用いられるツールであり、ループ図はシステム思考の主要なツールのひとつである。

　社会現象を分析する場合、なんらかの視点をもって現状を整理・分析する必要がある。ひとつ考えられるのは「問題」という切り口である。本書で例としてあげているDVは社会的な「問題」である。このような社会的な問題に関係するテーマの場合は、ここで紹介する問題分析あるいはループ図のいずれを使うこともできる。しかし、問題解決を志向しないテーマの場合*、問題分析は適さないため、ループ図を使うことになる。なお、KJ法や特性要因図といったツールも、問題志向型とそうでないタイプの両方の研究テーマに用いることができるので、必要に応じて試してみるとよい。なお、関係者分析は、いずれのタイプのテーマであっても、やっておいたほうがよい。

3.3.1　関係者分析

　現状分析の第1段階として、まず、研究テーマに関係する関係者（ステークホルダー）について分析をおこなう。

　ステークホルダーとは、日本語では利害関係者と訳され、企業や行政の活

---

* たとえば、iPadのような、消費者自身も気づいていない新たなニーズを創造するタイプの商品の、そのイノベーションのメカニズムを明らかにしたいというような場合、これは、なんらかの問題を解決するために生み出された製品ではないので、問題分析は適さない。

動から正または負の影響を直接または間接に受ける、あるいはそれらの活動に対して正または負の影響を直接または間接に与える個人、組織、グループのことをいう。

> ### 関係者分析
> 研究テーマに関連する関係者(ステークホルダー)の分析をとおして、研究テーマが対象とする状況の課題、問題、現状を把握する。

「関係者分析」では、研究テーマであつかう事象に関係するステークホルダーを洗い出し、個々のステークホルダーが置かれている状況や抱えている問題などを分析することによって、事象全体の状況やその中の課題や問題を明らかにするのである。

> ### 関係者分析の手順
> 1. 研究テーマに関連する人々、個人、グループ、機関、組織をカードに書き出す。
> 2. 書き出された関係者を類別する。
> 3. 類別された関係者のなかから、重要と思われる関係者を選ぶ。
> 4. 選ばれた関係者を詳細に分析する。

関係者分析の手順
1. 研究テーマに関係する人々、個人、グループ、機関、組織をすべてカードに書き出す。
2. 書き出された関係者を類別する。
3. 類別された関係者のなかから、重要と思われる関係者を選ぶ。
4. 選ばれた関係者を詳細に分析する。

1. ブレーンストーミングの要領で、考えられる関係者をすべて書き出す。
2. 書き出された関係者の似たもの同士を集めて類別化(グループ化)し、グループごとに名前をつける。直感的に似ていると思うものを集めていき、集め終わってから、各グループをどういう観点から似ていると

関係者分析（例）

被害者
老人
ハンディキャッパー
子ども
女性（未婚）
女性（既婚）
女性（寡婦）

加害者
男性一般
女性側家族
男性側家族
村長
長老
村人一般

救済サービス提供者
警察官
法律家
福祉専門家
保護係官
医者
看護師
NGOスタッフ
村長
長老

救済機関
病院
裁判所
人権NGO・NPO
職業訓練校
シェルター・ホーム
海外援助機関
B国政府

関係者分析　詳細分析（例）

既婚女性

基本情報
- 既婚女性の割合約50%
- ヒンドゥー教徒80%　イスラム教徒10%
- 一般に女性の地位が低い
- 都市部と地方の格差が大きい

問題／弱み
- 婚姻時に多額の持参金が必要
- 持参金がらみの暴力や殺人
- 教育水準が低い
- 経済的な自立が難しい
- 30%が夫による身体的・性的暴力の被害者となっている
- 夫の死亡後、後追い自殺を強要される
- DV禁止法の実効性が乏しい

可能性／強み
- 国内でも社会問題として認識されている
- 女性サポートNPOなど、支援団体が存在する
- 女性法律家協会などが運営するシェルターが存在する
- DV禁止法など、法的措置が存在する
- 女性の社会進出が進展している

対応策
- 法律の実効性を高め、法的救済をはかる
- 女性の地位に関する意識改革
- 居住先など、女性が避難できる場所をつくる
- 女性が経済的に自立するための教育・職業訓練を行う

思ったのかを確認すればよい。先に類別項目を考えて、その項目ごとに該当する関係者を集めるというやり方は、予断をもって分類することになるので勧めない。

3. 類別された関係者グループのなかから重要と思われる関係者を選ぶ。グループを選んでもよいし、グループのなかの個々の構成員を選んでもよい。ここでも、何をもって重要と判断するかは、自分の判断基準にしたがえばよい。選ぶ関係者はひとつでなく、必要と思うだけのグループを選ぶ。

関係者の洗い出し

関係者の類別(グループ化)

関係者の詳細分析

4. 上で選んだ関係者それぞれに関してさらに詳しく分析する。分析項目の例としては、基本情報（規模、人員構成、組織体制、社会文化的特徴、経済的特徴など）、抱えている問題や弱み、潜在的に持っている可能性や強み、ニーズや期待、担っている機能や責任、権限、問題に対する対応策などがあげられる。どういう項目で分析するかは適宜、適切な項目を選ぶべきだが、問題という切り口で社会状況の分析をおこなう場合は、「問題／弱み」は、このあとの問題分析につながる項目であり、必ず分析する必要がある。研究テーマが問題状況に関係しない場合は、「問題／弱み」は必須ではない。

3.3.2　問題分析

問題分析は、現存する問題を「原因―結果」の関係で整理し系図（問題系図）の形にまとめる作業である。問題系図では、原因となる問題を下に、その結果として生じている問題を上に配置する。系図に示されたひとつの問題は、その上の問題を引き起こす原因でもあり、同時にその下の問題によって引き起こされる結果でもある。

問題分析

論文が対象とする状況に現存する問題を「原因―結果」（Cause & Effect）の関係で整理し、わかりやすいように系図として視覚的に表示する分析作業。

問題分析の手順
1. 現状における主要な問題を列挙する。
2. 中心問題を決める。
3. 中心問題の直接的な原因となっている問題を、中心問題の1段下のレベルに並べる。
4. 中心問題が直接的な原因となって引き起こされているさらなる問題（結果）を、中心問題の1段上のレベルに並べる。
5. 問題を原因―結果の関係で整理しながら、系図を上下に発展させる。

問題分析の手順

1. 現状における主要な問題を列挙する。
2. 中心問題を決める。
3. 中心問題の直接的な原因となっている問題を、中心問題の1段下のレベルに並べる。
4. 中心問題が直接的な原因となって引き起こされているさらなる問題（結果）を、中心問題の1段上のレベルに並べる。
5. 問題を原因─結果の関係で整理しながら、系図を上下に発展させる。

---

1. 現状における主要な問題を列挙する。この作業は関係者分析の詳細分析ですでにおこなわれているので、その結果をそのまま用いればよい。
2. 中心問題を決める。中心問題とは問題系図作成の出発点となる問題である。分析したい問題が、すべてこの中心問題の原因あるいは結果として系図のどこかに位置づけられなければならない。中心問題のレベルを高く設定すると分析範囲は広くなり、低く設定すると分析範囲は狭くなる。分析したい範囲が漏れなく無駄なくカバーされるような中心問題を設定する必要がある。
3. 中心問題が決まったら、中心問題を引き起こしている直接的な原因を、中心問題の1段下のレベルに並列に並べる。この際、遠い原因で

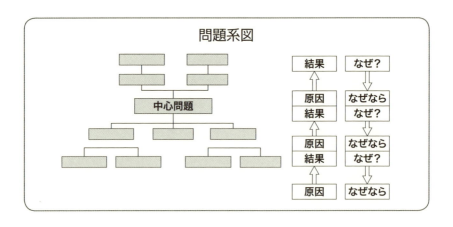

はなく、直接的な原因を並べることが重要である。
4. 中心問題が直接的な原因となって引き起こされているさらなる問題（結果）を、中心問題の1段上のレベルに並べる。これも、遠い結果ではなく、直接的な結果を並べる。
5. 同じ要領で、問題の原因を下に、結果を上に配置して系図を発展させる。

問題系図を発展させる際は、原因を下に結果を上に並べていくのだが、これが結構ややこしい。「原因は上だったっけ、下だったっけ？」ということになりがちだ。また、普段われわれは「原因―結果」という用語でものを考えるということをあまりしていないので、急に、原因は何、結果は何と考えようとしてもすぐに混乱してしまう。その場合は「なぜ―なぜなら」で考えるとよい。「なぜこういう問題が起こっているのか？」を考えて、「なぜなら…」をその問題の下に位置づける。系図を発展させる際は、「なぜ―なぜなら、なぜ―なぜなら」、と下へ下へと広げていくとよい。

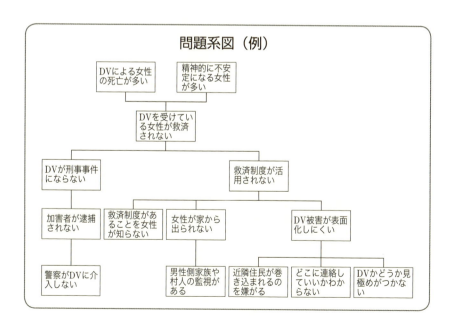

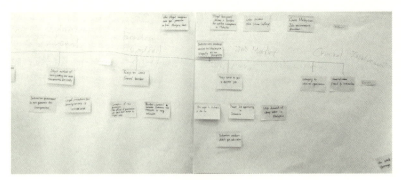

問題系図

3.3.3 ループ図

問題分析で過不足なく現状を分析できればよいが、問題分析にはいくつかツールとしての限界がある。まず、中心問題を最初にひとつ特定する必要があるのだが、問題状況によっては、複数の問題が相互にからみあっていて、中心問題をひとつに特定しづらい状況もありうる。また、問題分析では、問題の原因は何か、その原因の原因は何かと、直線的に問題の原因を掘り下げていく。つまり、線形思考による直線的な分析をおこなっているのである。しかし世の中の事象は直線的な関係だけで成り立っているわけではない。ものごとは相互に影響しあい、多くのものは循環的な関係にある。そのため、直線的な因果関係だけで分析するのが困難な場合もありうる。

これに対して、非線形思考による循環的な分析をおこなうツールとして、ループ図がある。ループ図は、事象を構成している要素間の循環構造を明らかにし、事象全体をひとつの構造（システム）としてとらえる、システム思考と呼ばれる思考法の代表的なツールである。ループ図は、事象を構成している要素を因果関係の矢印で結んで、事象全体の構造を循環的な図として表す。

ループ図作成の手順
1. 事象を構成している要素を書き出す。

> **ループ図作成の手順**
>
> 1. 事象を構成している要素を書き出す。
> 2. 原因となる要素と結果となる要素を矢印でつなぐ。
> 3. 矢印の因果関係の種類を「同」または「逆」の記号で書き入れる。
> 4. ループが「自己強化型ループ」か「バランス型ループ」かを書き入れる。

2. 原因となる要素と結果となる要素を矢印でつなぐ。
3. 矢印の因果関係の種類を「同」または「逆」の記号で書き入れる。
4. ループが「自己強化型ループ」か「バランス型ループ」かを書き入れる。

1. 事象を構成している要素を書き出す。要素は、変数とも呼ばれ、通常、時間の経過とともに増減するものである。
2. 原因となる要素と結果となる要素を矢印でつなぐ。要素Aの変化が原因となって要素Bが変化するなら、AがBで結果である。これらふたつの要素を原因から結果（AからB）に向かう矢印でつなぐ。
3. 矢印の因果関係の種類を「同」または「逆」の記号で書き入れる。矢印で示された因果関係が同じ傾向への変化であれば「同」、逆の傾向への変化であれば「逆」と書き入れる。Aが増えるとBも増えるのであれば「同」、Aが増えるとBは減るのであれば「逆」である。
4. ループが「自己強化型ループ」か「バランス型ループ」かを書き入れる。ループを構成する要素が変化（増減）することによって、そのループがある傾向を強めていくなら、それは「自己強化型ループ」であり、ある状態に向かって収束したり安定していくなら、それは「バランス型ループ」である。次ページ図で見ると、女性の相続権が強化されることによって、女性の相続を嫌がる親族が増え、その結果、夫を亡くした女性への後追い自殺の強要が増え、社会における問題意識を喚起するというループは、後追い自殺の増加傾向を強化する構造になっているので自己強化型ループである。一方、女性の権利保護制度を強化することによって、夫を亡くした女性への後追い自殺の強要が減り、

それによって社会における問題意識も緩和されていくループでは、後追い自殺はある幅のもとで安定するので、バランス型ループである。したがって、この状況においては、相続権の強化ではない形で、女性の権利保護制度を強化することが必要だということがわかる。

　問題系図とループ図を比較すると、問題系図は、事象を直線的な関係で図化しているために、わかりやすいが、事象を過度に単純化しているきらいがある。たとえば、問題の上下の関係は示されているが、横の関係（問題系図例（p. 33）の、DVが刑事事件にならないことと、救済制度が活用されないことの関係など）は示されていないという形で単純化されている。一方、ループ図は、事象の構成要素が相互に関連しあい循環している状況が、単純化されることなく、ありのままに描かれているが、多くの要素が複雑に絡み合っていて、分析が難しく、できあがった図もわかりやすいとはいいがたい。ツールにはそれぞれに、長所や短所、限界があり、万能のツールというものは存在しない。ツールの目的と長所・短所を理解し、その時の自分にとって最適なツールを用いてもらいたい。

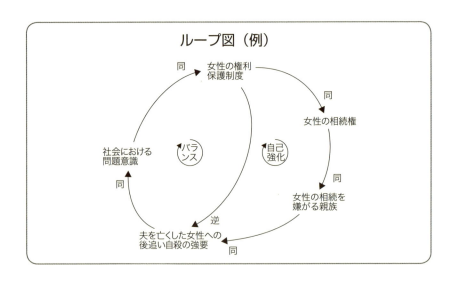

3.4 リサーチ・クエスチョンへ

問題系図やループ図といったツールを用いて現状を分析すると、分析結果が図として可視化されるという利点がある。状況を目に見える形にして、さて、この状況のなかで、どこが自分の興味の対象なのか？ その状況の中で、何が学問的に明らかになっていて、何が明らかになっていないのか？ その明らかになっていない事象のうち、自分はどの事象を論文をとおして明らかにしたいのか？ そのためにはどのようなことを具体的に解明すればいいのかを、図を見ながら考える。すなわち、図の中で、研究テーマ、研究トピック、リサーチ・クエスチョンを見つけていくのである。

問題系図でいえば、系図の上位に位置する問題が研究テーマとなり、その問題を引き起こしている複数の下位の問題のうちのひとつが研究トピックとなり、その問題の原因となっている複数の問題のひとつがメジャー・リサーチ・クエスチョン、メジャー・リサーチ・クエスチョンの原因となっている問題のいくつかがサブシディアリー・リサーチ・クエスチョンとなる。

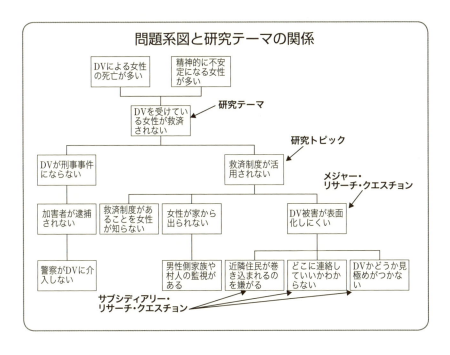

研究テーマからリサーチ・クエスチョンまでが決まったら、論文の骨格が決まったことになる。ただし、この部分は論文執筆の初期段階の最も重要な部分であるから、指導教官と何度も話し合ってもらいたい。3.2.1 でも説明したように、リサーチ・クエスチョンは、研究者が大いに興味を抱いている疑問であると同時に、時間的・能力的・環境的に解明可能な疑問である必要もある。それが研究として実行可能かどうか、初心者にはなかなか判断しにくい。指導教官の指導を仰ぐべきところである。おそらく何度もダメ出しをされるだろうが、ここが最初の踏ん張りどころと覚悟を決めて、リサーチ・クエスチョンの設定に臨んでもらいたい。

3.5　プロジェクト・ロジックモデル

　前節までは論文の「内容」に関する計画である。論文の内容がおおよそ決まったら、次に、論文を書く「作業」に関する計画を立てることになる。ここからは、論文執筆のためのどういう作業をどういう順番でいくらでやるかといったことを計画する段階に入る。まさにプロジェクトマネジメント・ツールがフルに活用されるところである。

第3章 立ち上げプロセス：研究テーマを決める

　本章冒頭で触れたように、プロジェクトの立ち上げ段階では、「プロジェクト・スコープ記述書」を作る。なぜ（目的）、何のために（目標）、何を（成果・活動）、誰が（投入）、いつまでに（期間）おこなうのか、どのようなリスクがあるのか、といったプロジェクトの概要を文書にまとめるのである。ここでは、スコープ記述書の簡略版として「プロジェクト・ロジックモデル」を紹介する。プロジェクト・ロジックモデルは、階層化されたプロジェクトの諸目標を図示したもので、プロジェクトの目的、目標、成果、活動、投入からなる。修士論文あるいは博士論文を書き上げるために、何を用いて、どういう活動をし、どういう成果物を生み出し、それによってプロジェクト終了時にどういう目標を達成し、その目標は社会や学界にどのような貢献をするかといったことの概要をまとめるのである。プロジェクト終了時に達成することが期待されるプロジェクト目標は、ここでは論文そのものの完成である。

　プロジェクト・ロジックモデルができあがると立ち上げプロセスは完了である。残る作業は、プロジェクト・ロジックモデルをもってプロジェクトの概要を関係者（ステークホルダー）に周知し、論文執筆プロジェクトに関する理解を関係者間で共有することである。ここでいう関係者には、指導教官、共同研究の場合は共同研究者などが含まれる。

プロジェクト概要

プロジェクト名
修士論文執筆プロジェクト
論文タイトル「家庭内暴力に対する法的抑止効果
－南アジアB国における女性虐待のメカニズムとDV禁止法の影響－」

プロジェクト・ミッション・ステイトメント
20XX年3月までに、南アジアB国を事例に、女性に対する家庭内暴力を禁止する法律が効果を生まない理由を明らかにする修士論文を完成させる。これによって、家庭内暴力に関する法学研究に学問的貢献をするとともに、女性への虐待に対する法的抑止力向上という社会的貢献をする。

プロジェクト・ロジックモデル

上位目標（目的）
・家庭内暴力に関する法学研究に学問的貢献をする。
・女性への虐待に対する法的抑止力向上という社会的貢献をする。

↑

プロジェクト目標
南アジアB国において女性に対する家庭内暴力を禁止する法律が効果を生まない理由を明らかにする修士論文を完成させる。

↑

成果
1. 文献レビューが完了する。
2. 論文執筆計画ができる。
3. データ収集・分析が完了する。
4. 論文が完成する。
5. 論文審査に合格する。

↑

活動
1.1　文献を集める。
1.2　文献を読んで文献ノートを作る。
1.3　先行研究の体系図を作る。
2.1　リサーチ・クエスチョンを決める。
2.2　研究計画書を書く。
2.3　論文執筆計画を立てる。
3.1　調査計画を立てる。
3.2　B国の現地調査を実施する。
3.3　日本国内でのインタビューを実施する。
3.4　現地調査およびインタビュー結果の分析をおこなう。
4.1　先行研究レビューの章執筆。
4.2　事例分析の章執筆。
4.3　結論の章執筆。
4.4　序論執筆。
4.5　各章ごとに教授の指導を受ける。
5.1　論文発表準備。
5.2　予備審査。
5.3　論文修正。
5.4　本審査。

プロジェクト・ロジックモデル例

第4章

計画プロセス：執筆計画を立てる

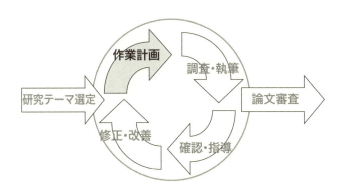

第4章

計画プロセス：執筆計画を立てる

　立ち上げプロセスが完了すると、プロジェクトは計画プロセスに入る。プロジェクトの活動をおこなっていくための詳細な計画を作るプロセスである。一般的に、プロジェクトの計画プロセスは、作業の細分化（WBS）、スケジューリング、コスト見積もり、品質管理計画、人的資源計画、コミュニケーション計画、リスク管理計画、調達計画、ステークホルダー管理計画の9つからなる。このうち、個人の論文執筆プロジェクトでは、WBS、スケジューリング、コスト見積もり、品質管理計画、リスク管理計画の5つを、共同研究プロジェクトでは、それに加えて、人的資源計画、コミュニケーション計画、ステークホルダー管理計画（チーム管理計画）の3つを見ていく。まず本章では、個人の論文執筆プロジェクトの計画について解説する。

4.1　WBS

　WBS（Work Breakdown Structure）は、プロジェクトでおこなうすべての作業（活動）を、管理可能なレベルにまで細分化し、階層構造をもった系図や一覧表の形で表したものである。管理可能なレベルとは、時間、コスト、資源（人員や資機材）の見積もりができるレベルであり、成果を生み出すための一連の作業を、ひとまとまりの作業（ワーク・パッケージ）として進捗管理できるレベルである。また、プロジェクトのリスクもWBSの個々の作業ごとに洗い出す。

　ということは、WBSは、時間管理、コスト管理、資源管理、進捗管理、リスク管理といった、すべてのプロジェクトマネジメントのもとになる、と

いうことである。WBSはプロジェクトマネジメントの核であるといわれるのはそのためだ。

> ## Work Breakdown Structure (WBS)
>
> ■ WBSは、プロジェクトでおこなうすべての作業（活動）を、管理可能なレベルにまで細分化し、階層構造をもった系図や一覧表の形で表したものである。
>
> • 管理可能なレベルとは、時間、コスト、資源（人員や資機材）の見積もりができるレベルであり、成果を生み出すための一連の作業を、ひとまとまりの作業（ワーク・パッケージ）として進捗管理できるレベルである。

WBSは成果物を上から下へとブレークダウンしていって作成する。プロジェクト目標を成果に分解し、成果をさらにその構成要素（サブ成果）に分解し、成果を生み出すための活動へとブレークダウンする。

> ## WBS 作成手順
> 1. プロジェクト目標を明確にする。
> 2. プロジェクト目標を成果に分解する。
> 3. 各成果をその構成要素（サブ成果）に分解する。
> 4. 各成果およびサブ成果を生み出すための活動を洗い出す。
> 5. すべての成果、サブ成果、活動にWBSコードを付す。

WBSの作成手順

1. プロジェクト目標を明確にする。
2. プロジェクト目標を成果に分解する。
3. 各成果をその構成要素（サブ成果）に分解する。
4. 各成果およびサブ成果を生み出すための活動を洗い出す。
5. すべての成果、サブ成果、活動にWBSコードを付す。

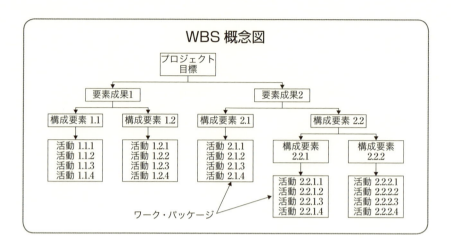

1. プロジェクト目標を明確にすることから始めるというのは、このプロジェクトは何を目標としており、そのためにはどういう成果が必要で、成果を生み出すためにはどういう活動が必要かといった具合に、上から下へとブレークダウンしていくことを意味している。プロジェクトを計画する際に、あの活動をやりたい・この活動をやりたい、あれができる・これができる、といった具合に活動から積み上げていきがちだが、そのようにして思いついた活動は、必ずしも特定の成果や目標に向かっていくものではないことが多い。その結果、やりたいこと・できることをやっても何もまとまった成果を生み出さないということになりかねない。だから、すべての活動が成果とプロジェクト目標のためのものになるように、プロジェクト目標から成果、成果から活動へと、上から下へとブレークダウンする。これはWBS作成の鉄則である。

2. プロジェクト目標を成果に分解する。上記のとおり上から下へとブレークダウンしていくと、プロジェクト目標の次に考えるのは、プロジェクト目標を達成するために必要な成果である。成果はひとまとまりの活動が直接生み出す財やサービスのことで、アウトプットやデリ

バラブル（deliverables[*]）とも呼ばれる。

3. 各成果をその構成要素（サブ成果）に分解する。ある成果が複数の要素から構成されている場合、成果をいきなり活動にブレークダウンするのではなく、成果をさらにその構成要素にブレークダウンする。
4. 各成果およびサブ成果を生み出すための活動を洗い出す。もうこれ以上成果として分解できないというレベルに達したら、今度はそれらの成果を生み出すための一連の作業を洗い出す。この1番下のレベルの作業のかたまりを「ワーク・パッケージ」と呼ぶ。
5. すべての成果、サブ成果、活動に WBS コードを付す。ブレークダウンの作業がひととおり終わったら、WBS 上のすべての成果、サブ成果、活動に識別子（連番）をつける。これを「WBS コード」と呼ぶ。

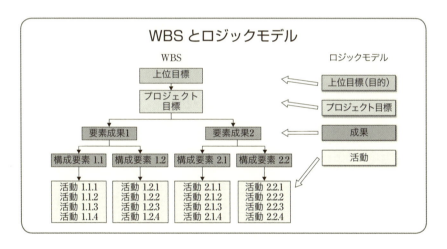

プロジェクト・ロジックモデルで、すでにプロジェクトの構成は階層化されて整理されているので、WBS はロジックモデルを詳細化すればできる。

---

* デリバラブル（deliverables）は、デリバー（配送）されるもの、すなわち「もたらされるもの」であり、プロジェクトによってもたらされるもの（成果物）も、デリバラブルと呼ばれる。また、デリバリー（delivery）には「納入」という意味があり、プロジェクトマネジメントで QCD といったとき、これはプロジェクトがもたらすものの品質（Quality）、コスト（Cost）、納期（Delivery）を意味する。プロジェクトマネジメントはプロジェクトの QCD を管理する活動でもある。

ロジックモデルはプロジェクトの概要を示すものであり、WBS はプロジェクトの詳細を示すものである。

WBS には、プロジェクト目標達成のための成果や活動、すなわちプロジェクトのスコープがミッシー*に、"もれなくダブりなく"記載されていなくてはならない。ということは、WBS に記載されている作業はすべて実行する必要があり、記載されていない作業はスコープ外であり実行する必要はない、ということになる。民間企業などが契約にもとづいてプロジェクトを実行する場合、WBS はその作業範囲を示すものとして、非常に重要な文書になる。そういう意味から、WBS はプロジェクト・スコープを明瞭に示すコミュニケーション・ツールとしても有効である。

系図の形の WBS は、全体の構成がひと目で見渡せて非常に便利だが、資料として手元に持つには、かさばって扱いにくい。また、このあとスケジューリングや人的資源管理などの作業をおこなう際にも、系図のままでは使いづらい。そのため、通常は一覧表形式の WBS を用いる。

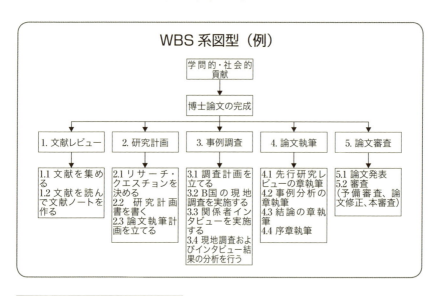

---

*　ミッシー（MECE）は、Mutually Exclusive and Collectively Exhaustive の略で、「相互に排他的な項目」による「完全な全体集合」を意味する。つまり"もれなくダブりなく"である。

WBS 一覧表型（例）

成果	ワーク・パッケージ
1. 文献レビュー	1.1 文献を集める 1.2 文献を読んで文献ノートを作る
2. 研究計画	2.1 リサーチ・クエスチョンを決める 2.2 研究計画書を書く 2.3 論文執筆計画を立てる
3. 事例調査	3.1 調査計画を立てる 3.2 B国の現地調査を実施する 3.3 関係者インタビューを実施する 3.4 現地調査およびインタビュー結果の分析をおこなう
4. 論文執筆	4.1 先行研究レビューの章執筆 4.2 事例分析の章執筆 4.3 結論の章執筆 4.4 序章執筆
5. 論文審査	5.1 論文発表 5.2 審査（予備審査、論文修正、本審査）

WBS 系図型

4.2 スケジューリング

　WBSでプロジェクトがおこなうすべての作業が洗い出されたら、次に、それにもとづいてプロジェクトのスケジュールを作成する。スケジュール作成の手順は以下のとおり。

> **スケジューリングの手順**
>
> 1. WBSに示された各作業をおこなうのに必要な人員と資機材を洗い出す。
> 2. それらの人員と資機材によって作業をおこなった場合の、各作業の所要期間を見積もる。
> 3. WBSに示された各作業の前後関係を確認し、作業順序を決定する。
> 4. 作業順序と所要期間をもとにスケジュールを作成する。

スケジューリングの手順

1. WBSに示された各作業をおこなうのに必要な人員と資機材を洗い出す。
2. それらの人員と資機材によって作業をおこなった場合の、各作業の所要期間を見積もる。
3. WBSに示された各作業の前後関係を確認し、作業順序を決定する。
4. 作業順序と所要期間をもとにスケジュールを作成する。

　まず、WBSに示された各作業をおこなうのに必要な人員と資機材を洗い出す。ひとりで論文を書く場合は人員の洗い出しは必要ないが、共同研究の場合は、誰に研究チームに入ってもらうのか、チームの誰がどの作業を担当するのかといった、人員構成と作業分担に関する計画が必要になる。共同研究に関しては第7章で詳しく解説する。

　資機材は、論文執筆プロジェクトの場合、分析ツールや執筆ツールになるだろう。パソコン・ソフトである。SASSなどの統計分析ソフト、MAXQDAなどの質的分析ソフト、LaTeXなどの文書作成ソフト、EndNoteなどの文献管理ソフトなどなど。あるいは、データ収集になんらかの計器や機器を用いるのであれば、どういう機器を使うのかを決める。それらの習熟度が作業時間に影響するので、スケジューリングの際に洗い出しておくのである。

4.2.1 所要期間見積もり

　誰がどういう資機材を使って作業をするか決まったら、次に、個々の作業の所要期間を見積もる。プロジェクト作業の所要期間は、一般的には、1) 専門家や経験者の判断、2) 類推見積もり、3) 係数見積もりといった方法で見積もるが[*]、学生の論文執筆の場合は、経験が少ないので、指導教官や先輩からのアドバイスを受けて見積もることになる。すべての作業の所要期間が見積もり終わったら、それらを一覧表型 WBS に追記する。

　なお、ここでは月単位のスケジューリングを例としているが、日単位あるいは週単位のスケジューリングももちろん可能である。修論や博論のような数年にまたがるプロジェクトの場合、いきなり日単位や週単位の詳細なスケジュールを作るのは得策ではないし、作れないだろう。まず月単位で大雑把なスケジュールを作っておき、そのあと、必要に応じて日単位や週単位の詳細なスケジュールをつくればよい。

所要期間見積もり

成果	ワーク・パッケージ	所要期間
1. 文献レビュー	1.1 文献を集める	12カ月
	1.2 文献を読んで文献ノートを作る	12カ月
2. 研究計画	2.1 リサーチ・クエスチョンを決める	3カ月
	2.2 研究計画書を書く	1カ月
	2.3 論文執筆計画を立てる	1カ月
3. 事例調査	3.1 調査計画を立てる	2カ月
	3.2 B国の現地調査を実施する	1カ月
	3.3 関係者インタビューを実施する	2カ月
	3.4 現地調査およびインタビュー結果の分析	4カ月
4. 論文執筆	4.1 先行研究レビューの章執筆	4カ月
	4.2 事例分析の章執筆	5カ月
	4.3 結論の章執筆	1カ月
	4.4 序章執筆	1カ月
5. 論文審査	5.1 論文発表	2カ月
	5.2 審査（予備審査、論文修正、本審査）	3カ月

---

[*] 1) 専門家や経験者の判断：その分野の専門家や、過去に類似の作業を担当してきた人の意見を聞く。
　2) 類推見積もり：過去の類似作業の実績値から類推する。
　3) 係数見積もり：1単位あたりの作業にかかる時間と作業の総数量がわかっている場合の見積もり方法。ブロックを1個積むのに5分かかるとわかっていれば、それにブロックの総量を掛けて所要期間を求める。

4.2.2　作業順序設定

個々の作業の所要期間が求められたら、次に作業の順序を決める。それぞれの作業には、ある作業が完了しないと始められないという「前後関係」や、ある作業と並行して進められるという「並行関係」がある。作業順序の設定は、この前後関係と並行関係を整理して、すべての作業の順序をネットワーク図を使って図示しておこなう。

作業順序設定

成果	ワーク・パッケージ		所要期間	先行作業
1. 文献レビュー	1.1	文献を集める	12カ月	Start
	1.2	文献を読んで文献ノートを作る	12カ月	Start
2. 研究計画	2.1	リサーチ・クエスチョンを決める	3カ月	Start
	2.2	研究計画書を書く	1カ月	2.1
	2.3	論文執筆計画を立てる	1カ月	2.1
3. 事例調査	3.1	調査計画を立てる	2カ月	2.2, 2.3
	3.2	B国の現地調査を実施する	1カ月	3.1
	3.3	関係者インタビューを実施する	2カ月	3.1
	3.4	現地調査およびインタビュー結果の分析	4カ月	3.2, 3.3
4. 論文執筆	4.1	先行研究レビューの章執筆	4カ月	1.1, 1.2
	4.2	事例分析の章執筆	5カ月	3.4
	4.3	結論の章執筆	1カ月	4.1, 4.2
	4.4	序章執筆	1カ月	4.3
5. 論文審査	5.1	論文発表	2カ月	4.4
	5.2	審査（予備審査、論文修正、本審査）	3カ月	5.1

まず、先の一覧表型WBSに「先行作業」の欄を追加し、それぞれの作業の先行作業を書き込んでゆく。「この作業を始めるためには、先にどの作業が終わっていなければならないか？」を考えて、先に終わっているべき作業のWBSコードを記入する。

例で、作業1.1、1.2、2.1の先行作業が「Start」となっているのは、先行作業が存在しないということである。つまり、これら3つは、最初に、同時に並行して、おこなわれる作業である。また、作業3.1の先行作業が2.2と2.3のふたつになっているのは、2.2と2.3の両方の作業が終わらないと3.1は始められないということである。

すべての作業の先行作業の記入が終わったら、それをネットワーク図にする。

ここではプレシデンス・ダイアグラム法（PDM：Precedence Diagramming Method）という手法を用いる。「Start」から始めて、順に後続作業を矢印でつないでいき、最後は「End」につながるように図化する。なお、このあとクリティカル・パスの計算をするときのために、各作業には図のように6つの数値を記入する欄をつくっておく。

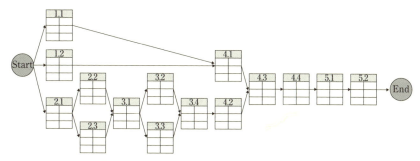

作業ネットワーク図（プレシデンス・ダイアグラム）

4.2.3　クリティカル・パス

　各作業の所要期間と順序が決まったら、次にクリティカル・パスを計算し、プロジェクトの完了に必要な期間を求める。クリティカル・パスとは、プロジェクトの開始から終了までの作業をつなぐ経路のうち、所要期間が最も長くなる経路のことで、クリティカル・パスの所要期間がプロジェクト全体の所要期間になる。

　前ページのWBS表には個々の作業の所要期間が記載されているが、これらの月数の合計がプロジェクト期間になるわけではない。並行作業がかなりあるため、プロジェクト全体の所要期間は月数の合計よりも短くなる。では何カ月かかるのか。それをクリティカル・パスで求めるのである。

　クリティカル・パスの所要期間がプロジェクト全体の所要期間であるため、クリティカル・パス上の作業が遅れるとプロジェクト全体が遅れることになる。したがって、クリティカル・パスは絶対に遅れてはいけない作業経路であるともいえる。

> ## クリティカル・パス
>
> - **クリティカル・パス**
>   プロジェクトの開始から終了までに最も長い時間を要する経路、またはその合計所要期間。クリティカル・パス上の作業が遅れると、プロジェクト全体の完了が遅れる。
> - **最早開始（ES: Early Start）**
>   ある作業を開始できる最も早い時期。
> - **最早終了（EF: Early Finish）**
>   ある作業を終了できる最も早い時期。
> - **最遅開始（LS: Late Start）**
>   ある作業の開始を遅らせる場合、後続作業を遅らせずにすませるために、その作業を開始しなければならない最も遅い時期。
> - **最遅終了（LF: Late Finish）**
>   ある作業の終了を遅らせる場合、後続作業を遅らせずにすませるために、その作業を終了しなければならない最も遅い時期。

いいかえると、クリティカル・パス上にない作業にはある程度の日程の余裕があるということで、この余裕のことを「フロート」と呼ぶ。クリティカル・パスは遅れてはいけない作業経路、つまり余裕のない作業経路であるから、フロートがゼロの作業経路がクリティカル・パスである。

クリティカル・パスを求めるには、まず、各作業に関して、以下の4つの月を求める。

最早開始月（ES：Early Start）　　ある作業を開始できる最も早い月
最早終了月（EF：Early Finish）　　ある作業を終了できる最も早い月
最遅開始月（LS：Late Start）　　　ある作業を開始する最も遅い月
最遅終了月（LF：Late Finish）　　 ある作業を終了する最も遅い月

まずESとEFを求める。たとえば、作業1.1を始める月を第1月とすると、作業1.1の最早開始月（ES）が第1月。所要期間は12カ月だから、終了できる最も早い月（EF）は第12月になる。作業1.2も作業1.1と同じく、第1月に始めて第12月に完了するので、作業1.1と1.2の両方が終わると開

始できる作業 4.1 の最早開始月（ES）は第 13 月になる。作業 3.4 の場合、ふたつある先行作業の両方が終わらないと始められないので、先行作業の EF の遅いほう、つまり 3.3 が終わるのを待たなければならない。したがって、3.4 の ES は、3.3 が終わった翌月である第 9 月になる。

同様の計算をして、すべての作業の ES と EF を求めると、プロジェクト全体の所要期間が求められる。最後の作業の EF がプロジェクトの終了月である。ここでは、最後の作業は 5.2 だから、このプロジェクトの終了予定月は第 24 月となる。この修士論文執筆プロジェクトはめでたく 2 年で完了する。

実際は、一度でぴったり目標月に終わるようなスケジュールは作れない。何度かスケジュールを作り直して、目標月に終わるように作業内容や作業順序を調整するのである。

このように、ネットワークを左から右に前進する形で作業の ES、EF を求めることを、往路分析（Forward Pass Analysis）という。往路分析によってプロジェクト全体の所要期間が求められる。

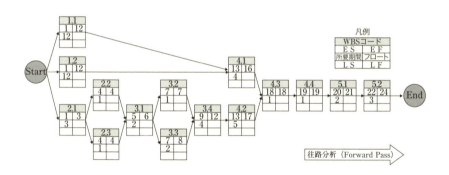

次に LS と LF を求める。これはネットワークを右から左に後退する形で算出するので、復路分析（Backward Pass Analysis）と呼ばれる。往路分析によりこのプロジェクトの終了予定月はすでに求められていて、第 24 月である。したがって、最後の作業 5.2 の LF は第 24 月である。LF は、「遅くともこの月までに作業を終えなければならない」という月。一方 LS は、「遅くともこの月までに作業を始めなければならない」という月である。作業 5.2 の所要期間は 3 カ月だから、LS は第 22 月。遅くとも第 22 月までに作業 5.2

を始めるためには、作業 5.1 は、遅くとも第 21 月末までに作業を終えなければならないので、作業 5.1 の LF は第 21 月。作業 5.1 の所要期間は 2 カ月なので、作業 5.1 の LS は第 20 月となる。

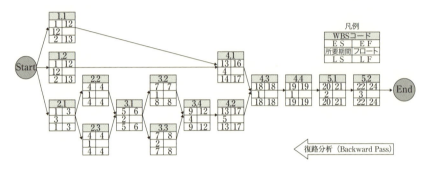

ES、EF、LS、LF が求まると、それらの差からフロートが求められる。フロートは作業の余裕月数だから、ES と LS の差、あるいは EF と LF の差がフロートである。フロートがゼロの作業経路が、余裕のない経路、すなわちクリティカル・パスである。

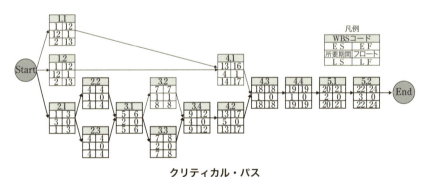

クリティカル・パス

以上の計算を数式で示すと以下のようになる。

ES = 先行作業の EF + 1

EF = ES + 所要期間 − 1

LF = 後続作業の LS − 1

LS = LF − 所要期間 + 1

フロート = LS − ES = LF − EF

これらの計算がすべて終わったら、計算結果を一覧表型WBSに追記する。

クリティカル・パス

成果		ワーク・パッケージ	所要期間(月)	先行作業	ES	EF	LS	LF	フロート	CP
1. 文献レビュー	1.1	文献を集める	12	Start	1	12	2	13	1	
	1.2	文献を読んで文献ノートを作る	12	Start	1	12	2	13	1	
2. 研究計画	2.1	リサーチ・クエスチョンを決める	3	Start	1	3	1	3	0	✓
	2.2	研究計画書を書く	1	2.1	4	4	4	4	0	✓
	2.3	論文執筆計画を立てる	1	2.1	4	4	4	4	0	✓
3. 事例調査	3.1	調査計画を立てる	2	2.2, 2.3	5	6	5	6	0	✓
	3.2	B国の現地調査を実施する	1	3.1	7	7	8	8	1	
	3.3	関係者インタビューを実施する	2	3.1	7	8	7	8	0	✓
	3.4	現地調査・インタビュー結果分析	4	3.2, 3.3	9	12	9	12	0	✓
4. 論文執筆	4.1	先行研究レビューの章執筆	4	1.1, 1.2	13	16	14	17	1	
	4.2	事例分析の章執筆	5	3.4	13	17	13	17	0	✓
	4.3	結論の章執筆	1	4.1, 4.2	18	18	18	18	0	✓
	4.4	序章執筆	1	4.3	19	19	19	19	0	✓
5. 論文審査	5.1	論文発表	2	4.4	20	21	20	21	0	✓
	5.2	審査(予備審査、論文修正、本審査)	3	5.1	22	24	22	24	0	✓

修論や博論のような個人の論文執筆プロジェクトの場合は、クリティカル・パスまで計算する必要はないかもしれない。また、休みだからといってのんびりしている余裕はないだろうから、夏休みなどの長期休暇もとくに考慮する必要はないだろう。個人プロジェクトでは、作業の依存関係と並行作業くらいは確認するとしても、あまり細かいことにはこだわらずに、おおまかなスケジュールを作っておいて、追い追い精緻化していけばよいだろう。

一方、大規模な共同研究プロジェクトや、一般的に世の中でいうところのプロジェクトでは、土日・祝祭日や長期休暇などの作業の中断は考慮しなければならない。また、多くのプロジェクトは、作業数が数十から数百にのぼる。こういったプロジェクトのスケジューリングは、とても計算機片手にできる作業ではない。どうしても、プロジェクトマネジメント・ソフトウェアを使うことになる。ソフトウェアを使えば、休日の設定も自在にできるし、時間単位の計算も可能である。実行途中の変更や進捗管理にも柔軟に対応できるので、一定以上の規模のプロジェクトには、専用ソフトウェアの使用を

勧めたい。

　ただし、ソフトウェアを使うとしても、ここで説明した原理は理解しておく必要がある。原理がわからなければ、プロジェクト期間を短縮したり、そのために作業順序を入れ替えたりといったスケジュールの調整ができないし、第一、ソフトウェアを使いこなすことができないだろう。

4.2.4　スケジュール・バーチャート

　すべての作業の開始月と終了月、およびクリティカル・パスが求められたら、その結果をスケジュール・バーチャートにまとめる。バーチャートは、ネットワーク図よりも見やすく、計画と実績を並べて表記すると進捗状況も把握しやすいなどといった利点から、スケジュール管理のツールとして広く用いられている。考案者であるヘンリー・ガント（Henry Gantt）の名をとって、ガント・チャートとも呼ばれる。

　各作業の最早開始月（ES）から最早終了月（EF）までを線表で表し、フロートがある作業はフロートを点線などで表示する。フロートの最終月は最遅終了月（LF）である。クリティカル・パスは太線や色を変えてはっきりわかるように表示する。次の図では、濃い色で示された作業がクリティカル・パスである。また、作業間の依存関係をリンク線を使って示す。これによって、どの作業が終わったら、どの作業が始められるのかが示される。

　もうひとつ、バーチャートに明記しておく必要があるのは、マイルストーンである。マイルストーンとは、フェーズの完了時点などの、プロジェクトの大きな節目のこと。作業ではないので、所要期間はゼロである。通常、マイルストーンは遅れることが許されないので、マイルストーンだけは死守するという意味で、スケジュール管理上の重要なチェックポイントになる。

4.2.5　作業負荷の平準化

　おおよそのスケジュールができたら、次に、作業負荷のバランスをチェックする。ある時期に作業が過度に集中していないか、あるいは逆に、ひどく

第4章 計画プロセス：執筆計画を立てる

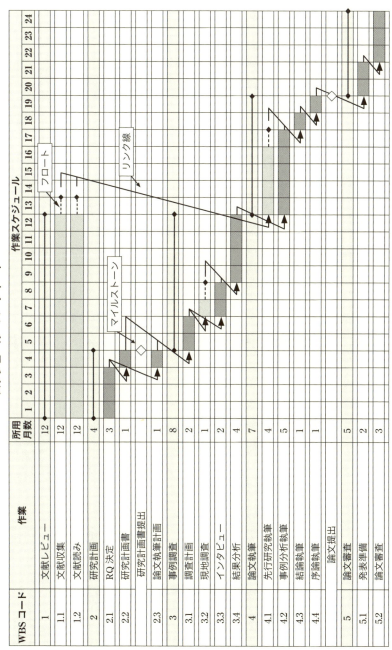

スケジュール・バーチャート*

* ここでは、スケジューリングに関する説明の簡潔さとわかりやすさを優先して、スケジュールの内容を多少犠牲にしています。この例が論文執筆のベストの日程だとは思わないでいただきたい。たとえば、文献調査 (1.1, 1.2) は論文審査の直前まで続けられるべきだし、質的調査の場合、調査結果の説明が煩雑になるので、あえて上図の分析 (3.4) は調査と同時並行して進められるものと筆者は考えるが、そのようにするとスケジューリングの説明が煩雑になるので、あえて上図のような例にした。

暇な時期がないか検討し、偏りがあればスケジュールを修正するのである。このような調整を作業負荷の平準化（Workload Leveling）という。

作業負荷の平準化の手順

1. バーチャート上に作業負荷を書き込む。
2. 作業負荷を合計して作業負荷ヒストグラムを作成する。
3. 作業負荷の偏りを平準化する。

作業負荷の平準化の手順

1. バーチャート上に作業負荷を書き込む。
2. 作業負荷を合計して作業負荷ヒストグラムを作成する。
3. 作業負荷の偏りを平準化する。

1. 各作業に費やす時間の比を％で表示する[*]。たとえば、所要期間が1カ月の作業に対して、1カ月間その仕事に専念し、他の作業をまったくしないのであれば、比は100％。1カ月の半分くらいをその仕事に費やすのであれば50％、1週間くらいであれば約25％である。所要期間内のいつその作業をやるかは問わない。50％と記入した場合、月の前半にやるか、後半にやるか、あるいは毎日半日ずつやるか、それは問わない。いずれにしろ、1カ月のうちの約半分の時間をその作業に費やすのであれば、50％と記入する。
2. 次に、各作業の作業負荷を合計して作業負荷ヒストグラムを作成する。
3. 作業負荷ヒストグラムを見ると、第6月から第9月までの4カ月間、200％〜150％の作業負荷になっている。これはむちゃなスケジュールだ。負荷を平準化する必要がある。作業負荷の平準化には以下のような方法がある。

---

[*] 説明の便宜上、前ページのスケジュール・バーチャートと異なるバーチャートを用いているので悪しからず。

作業負荷ヒストグラム

WBS コード	所用月数	1	2	3	4	5	6	7	8	9	10	11	12	13	14
1	2	100%	100%												
2	1			100%											
3	2				100%	100%									
4	5						50%	50%	50%	50%	50%	----	----	----	◆
5	2						50%	50%	----	◆					
6	4						100%	100%	100%	100%					
7	2										50%	50%			
8	2												50%	50%	
9	1														50%
作業負荷		100%	100%	100%	100%	100%	200%	200%	150%	150%	100%	50%	50%	50%	50%

作業負荷ヒストグラム（200%／150%／100%／50%／0%）

1) フロート内で作業の実行時期をずらす。
2) フロート期間いっぱいまで作業の実行期間を延長して、負荷を広く薄くのばす。

たとえば、作業4はフロートが4カ月あるので、この範囲内で実行時期を動かすことができる。4カ月後ろにずらすと、第6月、7月の負荷を150%に、8月、9月の負荷を100%に減らすことができ、第12〜14月の負荷が100%になる。バーチャートおよびヒストグラムは次ページの図のとおりである。

ただ、まだ第6月、7月の負荷が150%というのが、いささかきつい。1日、2日なら150%の作業負荷にも耐えられるだろうが、これが1カ月、2カ月と続くというのは避けたい状況である。だが、バーチャートを見てのとおり、この作業負荷をスケジュール調整で吸収することはできない。こうい

作業負荷の平準化

WBS コード	所用 月数	作業スケジュール													
		1	2	3	4	5	6	7	8	9	10	11	12	13	14
1	2	100%													
2	1			100%											
3	2				100%										
4	5						◆-----------				50%				
5	2						50%	------◆							
6	4							100%							
7	2										50%				
8	2												50%		
9	1														50%
作業負荷		100%	100%	100%	100%	100%	150%	150%	100%	100%	100%	100%	100%	100%	100%

作業負荷ヒストグラム (200%, 150%, 100%, 50%, 0%) — 1〜14

　う場合は、作業内容を見直して作業量を軽減するか、作業順序を変えるか、あるいはその両方をおこなう。いずれにしろ、スケジュールを再度組み直すことになる。このように、スケジュール計画は、クリティカル・パス、作業負荷、コスト、調達、リスクなどを検討するたびに、修正したりやり直したりする、根気のいる作業ではある。

　スケジューリングの説明は以上である。ひとつ付け加えておくと、4.2.1でも触れたが、2年、3年といった長期にわたるプロジェクトの場合、全期間にわたって詳細なスケジュールを作ることはお勧めできない。プロジェクトは定義上、不確定要素の多い事業で、計画どおりにはなかなか進まず、段階的詳細化をたどる事業だからだ。そのため、長期プロジェクトのスケジューリングでは、たとえば月単位のラフな全体スケジュール（サマリー・スケジュール）を作り、そのうえで、必要に応じて当面の半年から1年程度の詳細スケジュールを作る、あるいは作業ごとに日単位や週単位のスケジュールを作る

第 4 章 計画プロセス：執筆計画を立てる　　61

スケジュール・バーチャート

といった、何段階かに分けたスケジューリングをおこなう必要がある。

4.3　コスト見積もり

　プロジェクトのコストには、直接費、間接費、予備費の3種類がある。
　直接費はプロジェクト作業に直接起因するコストで、プロジェクト作業をおこなうために要する人件費、材料費、資機材費、交通費、出張費などである。
　間接費は、いわゆる「オーバーヘッド」と呼ばれるコストで、プロジェクトで使う部屋の光熱費や家賃、一般管理費などをいう。会社でいうと、営業、総務、経理、情報システムなど、個々のプロジェクトではなく、会社の業務全般に関わる経費である。プロジェクト固有のコストではないが、その一部をプロジェクトが消費するため、厳密にいうとこれもプロジェクト・コストである。

```
┌─────────────────────────────────────────────────────────┐
│                    コスト費目                             │
│  ■直接費                ■間接費                          │
│    人件費                  施設費                         │
│    材料費                  マネジメント費・一般管理費      │
│    資機材費                                              │
│    交通費・出張費        ■予備費                         │
│    法務費                  コンティンジェンシー予備（既知の未知）│
│    調査費・コンサルタント費  マネジメント予備（未知の未知） │
│    教育訓練費                                            │
│    マーケティング・広告費                                 │
└─────────────────────────────────────────────────────────┘
```

　予備費にはコンティンジェンシー予備とマネジメント予備の2種類がある。コンティンジェンシー予備とは、予想されるリスク（既知の未知）に備える予備費である。リスクが現実のものとなった際に対策費としていくらかかるかが過去の経験から見積もれるのであれば、それを見積もる。具体的に見積もれない場合は、合計予算の何％という形で見積もる。何％にするかはプロジェクト実施機関およびプロジェクトによって異なる。マネジメント予備は予想できない不確定要素（未知の未知）に備える予備費で、こちらは過去に経験がないので具体的に見積もることはできない。プロジェクト実施機関のリスク管理方針に従って、プロジェクトの合計予算の何％という形で見積もる。

```
┌─────────────────────────────────────────────────────────┐
│                   コスト見積もり                          │
│                                                          │
│  1. ボトムアップ見積もり                                  │
│     個々の作業やワーク・パッケージのコストを見積もり、集計するこ│
│     とによって総額を算出する。                            │
│  2. トップダウン見積もり（類推見積もり）                  │
│     過去の類似プロジェクトの実コストを用いて見積もる。    │
│  3. 係数見積もり（パラメトリック見積もり）                │
│     過去のデータと他の変数（例：建設における平方メートル、ソフト│
│     ウェア開発におけるプログラム行数、必要な労働時間数など）との│
│     統計的な関係を利用して見積もる。                      │
└─────────────────────────────────────────────────────────┘
```

コストの見積もり方法にはボトムアップ見積もり、トップダウン見積もり、係数見積もりの3種類がある。

ボトムアップ見積もりは、ひとつひとつの作業にかかるコストを見積もり、集計することによって総額を算出する。直接費は、WBSを使って、個々の作業のコストを表内に記入していけばよい。電話代、コピー代、交通費など、個々の作業に固有ではないコストは、間接費として別途見積もる。

トップダウン見積もりは、類推見積もりとも呼ばれ、経営陣や専門家が過去の類似プロジェクトの経験をもとに類推して総額を見積もるもので、相当のプロジェクト経験と専門的知見が要求される。

係数見積もりは、建物の床 $1m^2$ あたりにかかる施工費に床面積を掛けて求めるといった具合に、過去のデータと変数から統計的に見積もる方法で、ボトムアップ見積もりやトップダウン見積もりの中で必要に応じて用いられる。

名古屋大学リーディング大学院の授業では、生活費もプロジェクト・コストとして見積もってもらっている。「生活」はプロジェクトではないので、本来、その費用はプロジェクト・コストに含めるべきものではない。しかし学生の場合、学生生活のすべてを懸けて（？）論文執筆の完了を目指しているのだから、生活費はプロジェクト・コストと見てよいだろう。生活費も含めて論文執筆にかかる総コストを見積もると、多くの学生はその金額の大きさに驚愕する。そして、その膨大な投資を無駄にしてはいけないという決意と、出資者（多くの場合は親）に対する感謝の念を新たにすることになる（ことを講師は願っている）。

コスト見積もり：直接費

成果	ワーク・パッケージ		費用	経費(千円)
1. 文献レビュー	1.1	文献を集める	書籍ほか	50
	1.2	文献を読んで文献ノートを作る	文献管理ソフト	20
2. 研究計画	2.1	リサーチ・クエスチョンを決める		0
	2.2	研究計画書を書く		0
	2.3	論文執筆計画を立てる		0
3. 事例調査	3.1	調査計画を立てる		0
	3.2	B国の現地調査を実施する	旅費・宿泊費	200
	3.3	関係者インタビューを実施する	交通費	50
	3.4	現地調査およびインタビュー結果の分析	質的分析ソフト	40
4. 論文執筆	4.1	先行研究レビューの章執筆		0
	4.2	事例分析の章執筆		0
	4.3	結論の章執筆		0
	4.4	序章執筆		0
5. 論文審査	5.1	論文発表		0
	5.2	審査（予備審査、論文修正、本審査）		0
直接費合計				360

コスト見積もり：間接費

科目	費目	単価(千円)	数量	合計(千円)
学費	入学費	300	1回	300
	授業料	250	2年	500
住居費	敷金・礼金・仲介手数料	160	1回	160
	家賃	40	24月	960
	市民税	20	24月	480
光熱費	電気代	2	24月	48
	水道代	2	24月	48
	ガス代	1	24月	24
通信費	スマホ契約	80	1回	80
	スマホ利用料	4	24月	96
交通費	地下鉄	5	24月	120
食費	食費	50	24月	1,200
間接費合計				4,016

4.4 品質マネジメント

プロジェクトの品質マネジメントには、プロジェクトそれ自体の品質マネジメント、つまりプロジェクトマネジメントと、プロジェクトの成果物（成果やプロジェクト目標）の品質マネジメントのふたつがある。プロジェクト

マネジメントは、本書のテーマそのものなので、ここではとくに取り上げない。成果物の品質マネジメントは、いわゆる品質管理（QC）と基本的には同じで、配慮するべきは以下の5つである。

1. 顧客満足
2. 検査よりも予防
3. 経営者の責任
4. 継続的改善
5. 品質コスト

プロジェクトの場合にとくに配慮が必要なのは「顧客満足」である。プロジェクトの顧客満足といった場合、プロジェクトに対する要求事項を満足させることと、使用適合性つまり「真のニーズ」を満足させることのふたつを考えなければならない。プロジェクトに対する要求事項は、既述のとおり、いつまでに、いくらで、どういう品質の、何を生み出すか、つまりプロジェクト目標である。一方、真のニーズとは、プロジェクトが生み出した製品やサービスを使う立場の人のニーズ、つまりエンドユーザーのニーズである。プロジェクトから見ると、プロジェクトの実施を依頼してくる顧客と、プロ

品質マネジメント

■品質マネジメントの対象
- プロジェクトのマネジメント
- 成果物

■成果物の品質マネジメント
- 顧客満足
  要求事項への適合（プロジェクト・スコープほか）
  使用への適合（真のニーズへの適合）
- 検査よりも予防
- 経営者の責任
- 継続的改善
- 品質コスト

ジェクトが生み出した製品やサービスを使う顧客の2種類の顧客がいることになる。厄介なのは、プロジェクトを依頼してくる顧客が、必ずしもエンドユーザーのニーズを理解しているとは限らないことである。この議論は、IT や製品開発のプロジェクトでは大きな問題として取り上げられるが、論文執筆プロジェクトにはおそらく該当しないので、ここでは深入りしない。

　論文執筆プロジェクトの場合、プロジェクトマネジメントの品質管理、成果物の品質管理、ともに指導教官の指導を仰ぐことになる。プロジェクトマネジメントに関しては、本書をつうじて作成したバーチャートなどを含む執筆計画書を指導教官と共有し、適宜、進捗を確認しあうことで管理する。進捗が遅れているようなら、その原因を究明し、対応策を立てることになるが、それには指導教官の指導が求められる。成果物の品質管理は、論文執筆プロジェクトの成果物は論文であるから、論文そのものの品質管理ということになる。これは、いうまでもなく、指導教官の指導を仰ぐべきことである。

4.5　リスク管理計画

　プロジェクトは、定義上、つねに独自なもの、前例のない新たなものを生み出す試みである。つまり、プロジェクトは新しいことへの挑戦である。だから、そこにはリスクがある。プロジェクトマネジメントでリスク管理が重視されるのはそのためだ。また、「リスク管理はおとなのプロジェクト管理」だともいわれる。なぜなら、「おとなの決定的ともいえる特徴は、些細なことから大異変まで、人生の不愉快な出来事に立ち向かう意思があること」であり、「起こりうる悪い事態（リスク）をはっきりと認識し、それらに備えておくことが成熟のしるしである*」からだ。修士論文や博士論文を書くということも、多くの人にとっては人生ではじめての挑戦である。その途上には多くの不確定要素が待ち受けている。おとなとして、リスクに備えよう。

---

*　『熊とワルツを──リスクを愉しむプロジェクト管理』トム・デマルコ、ティモシー・リスター、伊豆原弓訳、日経BP社、2003年

リスク管理

1. **リスク・マネジメント計画**：プロジェクトのリスク・マネジメント活動にどのように取り組み、計画し、実行するかを決める。
2. **リスク識別**：どのリスクがプロジェクトに影響するかを見定め、その特性を文書化する。
3. **定性的リスク分析**：リスクの発生確率と影響度を評価し、組み合わせ、この後の分析や対処のためにリスクの優先順位付けをおこなう。
4. **定量的リスク分析**：識別したリスクがプロジェクト目標の全体に対して与える影響を数値的に分析する。
5. **リスク対応計画**：プロジェクト目標に対する好機を高め、脅威を減少させるための、選択肢とアクションを作成する。
6. **リスクの監視コントロール**：プロジェクト・サイクルをとおして、識別したリスクを追跡し、残存リスクを監視し、新たなリスクを識別し、リスク対応計画を実行し、その効果を評価する。

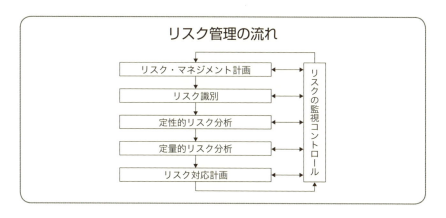

リスク管理の流れ

1. リスク・マネジメント計画
   リスク管理の方針や原則を明確にする。
2. リスク識別
   予想されるリスクをすべて洗い出す。
3. 定性的リスク分析
   リスクの発生確率と影響度を定性的に評価し、分析・対応するリスクを絞り込む。

4. 定量的リスク分析
   絞り込まれたリスクがプロジェクトに与える影響を定量的に分析し、対応するリスクをさらに絞り込む。
5. リスク対応計画
   残ったリスクに関して、その脅威を回避・低減するための対応策を立てる。
6. リスクの監視コントロール
   プロジェクト実施期間中、識別したリスクや新たなリスクが発生しないかどうかを監視し、リスクが現実化した場合にはリスク対応計画を実行する。

1. リスク・マネジメント計画

リスク・マネジメント計画は、リスク・マネジメントで用いるツールやデータ源、リスク・マネジメントの担当者や責任者、リスク対応予算、リスクの発生確率と影響度の定義など、リスク・マネジメントに関する方針や原則をプロジェクト実施機関が組織として定めたものである。しかしリスク管理方針を持っていない組織は多い。実施機関にそういったものがない場合は、プロジェクトごとにリスク管理方針を立てることになる。

リスク・マネジメント計画

リスク・マネジメント計画：組織のリスクに対する基本姿勢を示すもの

1. リスクに対する視点
   1.1 リスク管理の優先度
   1.2 リスクの許容度
   1.3 リスク管理における最優先事項
2. リスク管理教育
3. リスク管理関係者のネットワーク構築
4. リスク管理の体制
5. リスク管理の方法

※組織としてのリスク管理方針が存在しない場合は、プロジェクトごとにリスク管理方針を策定する。

論文執筆プロジェクトの場合、個人プロジェクトであるし、共同研究プロジェクトの場合も、小規模なものであれば、リスク・マネジメント計画は後述のリスク対応計画で兼ねればよいだろう。

2. リスク識別

予想されるリスクをブレーンストーミングの要領ですべて洗い出す。「どのようなリスクが考えられるか？」と考えても、リスクはなかなか出てこない。WBS を見ながら、「この作業をするとき、スケジュールを遅らせるリスクは？　コストを膨らませるリスクは？　技術面で問題になりそうなリスクは？」と作業ごとに分類して洗い出すとよい。

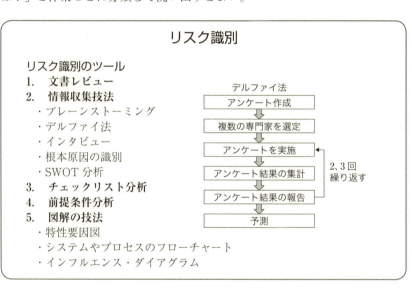

3. 定性的リスク分析

リスクは、起きるかどうかわからない将来の問題である*。そのため、リスク識別で洗い出したすべてのリスクに備えても、その多くは無駄になる。し

---

* 「リスクとはまだ起きていない問題であり、問題とはすでに実現したリスクである」（『熊とワルツを──リスクを愉しむプロジェクト管理』トム・デマルコ、ティモシー・リスター、日経 BP 社、2003 年）

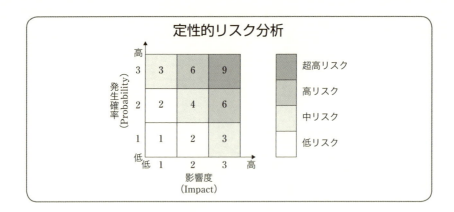

たがって、対応策を考えるリスクはできるだけ、起きる確率が高く、起きた場合の影響が大きいリスクに絞っておきたい。そこで、まず感覚的な判断で発生確率と影響度の大きいリスクに絞り込み、次に、定量的な計算をしてさらに絞り込み、そうして残ったリスクに関して予防策・対応策を立てて備える、というのがここから先の作業になる。まず、感覚的な判断で発生確率と影響度の大きいリスクに絞り込む、定性的リスク分析である。

　リスク識別で洗い出されたリスクひとつひとつに関して、発生する確率が高そうなら縦軸の3、中程度なら2、あまり起こりそうになければ1、発生した場合のプロジェクトに対する影響が大きければ横軸の3、中程度なら2、あまり大きくなければ1といった具合に定性的（感覚的）に判断し、該当する箇所にプロットしていく。

　たとえば、論文執筆のためにインタビューをおこなうとして、その相手がインタビューに応じてくれるとは限らないという不安があるとする。リスクである。相手はある企業の製品開発担当者で、インタビュー内容は企業秘密に関することを含む、となるとインタビューを断られる可能性は高い。発生確率は3である。インタビューできない場合、論文の主張に関する裏づけが得られないことになり、論文執筆への影響は大きい。影響度は3である。ということで、このプロジェクトでのインタビューができないリスクはレベル9、超高リスクになる。予防対策と発生時対策が必要だ。予防対策はリスク事象が発生するのを抑える対策で、発生時対策はリスク事象が発生したとき

にとる対策である。

どのレベルのリスクに対してどの対応策を考えるかは、プロジェクトによって、あるいは組織によって異なる。先に述べたとおり、組織によってリスク管理方針が異なるからだ。一般的には、低リスクについてはとくに対策は立てずに監視を続け、中リスクについては発生時対策を立てておき、高リスクと超高リスクについては予防策と発生時対策を立てておくといった対応が多い。

なお、このように、一般的には発生確率と影響度を3段階で評価するが、個人プロジェクトである論文執筆プロジェクトの場合は下図のような2段階評価で十分であろう。この場合も、発生確率・影響度ともに高いリスクに関しては対応計画を立てておくが、それ以外のどのリスクに対応策を考えておくかは、ケースバイケースで判断することになる。

リスク発生確率・影響度マトリックス

発生確率	低 影響度 高	
高	■指導教員が多忙で十分な指導を受けられない	■重要な関係者がインタビューに応じてくれない ■収集したデータが想定した理論を支持しない ■類似性の高い論文が他で発表される ■円安でB国調査費が高騰する
低	■指導教員との人間関係が悪化する ■実家の収入減	■必要な文献が手に入らない ■B国関係機関がB国現地調査を許可しない ■パソコンのトラブルでデータが消える ■病気・体調不良・事故

4. 定量的リスク分析

定性的リスク分析で対応が必要とされたリスクに関して、それらが発生す

```
┌─────────────────────────────────────┐
│           定量的リスク分析            │
│                                     │
│   1. データ収集・表現技法            │
│       • インタビュー                 │
│       • 確率分布                     │
│       • 専門家の判断                 │
│   2. 定量的リスク分析技法            │
│       • 感度分析                     │
│       • 期待金額価値分析（EMV）      │
│       • デシジョン・ツリー分析       │
│   3. シミュレーション技法            │
│       • モンテカルロ法               │
└─────────────────────────────────────┘
```

る確率と、発生した場合の金銭的影響を定量的分析ツールを使って分析し、対応するリスクをさらに絞り込む。起こるか起こらないかわからない問題すべてに対応している余裕はないので、定性的分析と定量的分析の2段階に分けてふるいにかけるわけである。

　定量的リスク分析では、インタビューなどをとおしてデータを収集し、期待金額価値分析（EMV）やデシジョン・ツリー分析、モンテカルロ・シミュレーションなどを用いて発生確率や影響度を計算する。これらは非常にテクニカルな分析で、学生の論文執筆プロジェクトでこのような分析をするのは不可能だろうし、仮にできてもあまり意味はないと思われるので、本書での説明はここまでとする。これらの分析手法に興味のある方は、プロジェクトマネジメントの専門書にあたってもらいたい。

5. リスク対応計画

　定性的分析と定量的分析をとおしてリスクを絞り込んだら、次にそれらのリスクに対する具体的な対応策を計画する。リスクに対する対応戦略としては以下のようなものがあげられる。

　回避：リスクの影響が及ばないようにプロジェクト計画を変更する。
　転嫁：リスクの影響を対応責任とともに第三者に移す（保険、契約等）。

リスク対応計画表

リスク No.	リスク事象	原因	プロジェクトへの影響	確率	影響	判定	予防対策	トリガー・ポイント	発生時対策
1	重要な関係者がインタビューに応じてくれない	インタビュー内容が機密事項に関わる	論証の根拠が弱まる	2	2	4(高)	・できるだけ早期のうちに依頼する。 ・電話・メールの他に、指導教官と連名の協力依頼状を送る。 ・訪問してこちらの意図および論文内容を説明し、協力してもらえる範囲・手段を相談する。	・電話・メールによるインタビュー依頼に対する回答の歯切れが悪い、あるいは明瞭に断られる。	・機密事項を含まない範囲でのインタビューを依頼する。 ・文書による質問票に代える。 ・他のインタビュー対象者を探す。
2	収集したデータが想定した理論を支持しない	データ不足	論証が成立しない	2	2	4(高)	・できるだけ早期のうちにデータ収集を開始する。 ・データ収集と並行してデータ分析を進める。	・1年目終了時点でも理論を支持するデータが集まっていない。	・足りないデータを明らかにし、データおよびその収集方法について指導教官に相談する。
		理論が不適切	論証が成立しない	2	2	4(高)			・集まっているデータから導き出される理論を新たに考える。

軽減：リスクの発生確率や影響度を受容可能なレベルまで低減する。

受容：リスク対応策は立てない。コンティンジェンシー予備やマネジメント予備を設けるなどして、リスクを受け入れる。

これらのリスク対応戦略を念頭において、具体的なリスク対応策を上の図のようなリスク対応計画表にまとめる。表中のトリガー・ポイントというのは、リスクが問題化しつつあることを示す兆候のことで、この兆候が現れたら発生時対策を実行するという目安を示すものである。

以上がリスク管理計画の概要である。なお、リスク管理は継続的なプロセスだということも覚えておいてもらいたい。プロジェクトを実施している間

に周辺状況は変化するし、当初のリスク識別時には認識されていなかったリスクが新たに見つかるかもしれない。また、定性的分析と定量的分析をおこなって対応すべきリスクを絞り込むプロセスの中で、対応不要として取り上げなかったリスクがあるが、それらが発生する可能性もゼロではない。したがって、リスク管理計画は定期的に見直す必要がある。

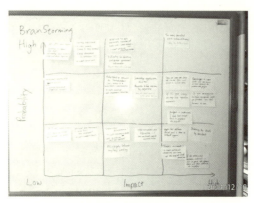

リスク発生確率・影響度マトリックス

リスク対応計画表

第5章

実行プロセス：執筆する

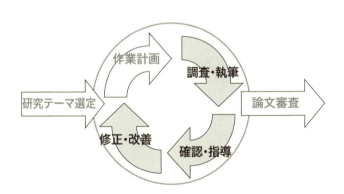

第5章

実行プロセス：執筆する

　実行プロセスは、前章までで作成したプロジェクト計画書にそって、着実に計画を実行していくプロセスである。論文執筆プロジェクトでは、文献調査やフィールド調査などをおこなって情報を集め、集めた情報を分析し、論文の構成を考え、執筆し、指導教官の指導を受けて論文を推敲するという、まさに2年、3年にわたる論文執筆の中核的プロセスである。

　論文を書くということについては、第1章および第3章ですでに触れたので、本章では、論文執筆のプロセスをプロジェクトマネジメントとしてどのようにマネージしていくかについて解説する。

5.1　進捗モニタリング

　論文執筆作業をプロジェクトマネジメントの観点から見ると、作業の進捗状況をモニタリングして計画とのずれを確認し（進捗モニタリング）、計画とのずれが大きくなってきたら計画を修正し（変更管理）、指導教官のアドバイスを受けながら論文のレベルをあげていく（品質管理）というマネジメント作業をおこなうことになる。

　まず進捗モニタリングだが、個人の論文執筆プロジェクトの場合は、自分で自分の作業の進捗状況を確認し、それを指導教官に報告することになる。自分の作業の進捗状況をモニタリングするのだから、とくにモニタリング時期を決めるまでもなく、つねに手もとにスケジュール・バーチャートを置いて、日々それを見て、進捗状況を確認すればよい。

　指導教官への報告時期は、定期報告にするか、マイルストーン報告にする

かである。マイルストーンの設定にもよるが、前章で見たとおり、論文執筆プロジェクトの場合のマイルストーンは年に1～2回程度となり、進捗報告の頻度としては十分ではない。毎月、2カ月ごと、3カ月ごとなど、定期報告が望ましいであろう。いうまでもなく、報告頻度は指導教官と話し合って決めるべきある。

　指導教官への進捗報告には、論文などの成果物のほかに、スケジュール・バーチャートを持参して、教員とともに作業の進捗状況を確認するとよい。その際は、バーチャート上に進捗状況がわかるように表示する。よく用いられるのはイナズマ線と2重線というふたつの表記法を併用する方法である。

　イナズマ線は、バーチャート上の報告日に縦線を引き、その時点で進行中の作業について、その進捗状況に応じた点をつないだ線を左右に伸ばしたものである。左右に伸ばす線は、進行中の作業の進捗度が50％ならバーの半分の点、100％ならバーの終わりの点まで引く。このようにして線を結ぶと、遅れている活動は左に出っ張ったイナズマとして、予定以上に進んでいる活動は右に出っ張ったイナズマとして表され、遅れている作業と進んでいる作業がひと目でわかる。

　2重線は、バーチャートの各活動に、計画線と実績線の2本の線を上下に並べて引いて、計画と実績の差異を示す方法である。バーチャート上の計画線の下に、実際の着手日から実際の完了日までを結んだ実績線を色を変えて引く。報告時点で進行中の作業は、点線などで完了見込日までの横線を引いておく。

　イナズマ線と2重線にはそれぞれ一長一短がある。たとえばイナズマ線は、その時点でおこなっている作業の進捗状況を見るには便利だが、完了した作業の開始日や完了日がわからないため、スケジュール全体の計画とのずれの傾向が見えない。2重線のほうは逆に、個々の作業の開始日と完了日はわかるが、報告時点で遅れている作業と進んでいる作業をひと目で見ることができない。そのため、それぞれの短所を補うために、両者を組み合わせて使うことが多い。

イナズマ線／２重線

WBS コード	作業	所用月数	作業スケジュール 1-24
1.1	文献収集	12	
1.2	文献読み	12	
2.1	RQ決定	3	
2.2	研究計画書	1	
	研究計画書提出		
2.3	論文執筆計画	1	
3.1	調査計画	2	
3.2	現地調査	1	
3.3	インタビュー	2	
3.4	結果分析	4	
4.1	先行研究執筆	4	
4.2	事例分析執筆	5	
4.3	結論執筆	1	
4.4	序論執筆	1	
	論文提出		
5.1	発表準備	2	
5.2	論文審査	3	

5.2 変更管理

既述のとおり、プロジェクトには段階的詳細化という特徴があり、それゆえプロジェクト計画は変更を前提としている。しかし、やみくもに変更を繰り返せばよいというものではない。頻繁な計画変更は計画に対する信頼を失わせる。変更に臆病になるべきではないが、変更には慎重であるべきである。

プロジェクトの変更管理は、変更の必要性を認識し変更を要求する「変更要求」、変更要求を受けてその妥当性を検討し変更を承認する「変更承認」、そして、承認を受けて実際に変更する「是正処置」の３つのプロセスからなる。組織的なプロジェクトマネジメントでは、この変更要求から是正処置までの流れを組織の変更管理システムとして定めておくことが望まれる。プロジェクトの計画を変更するのはメンタルにもフィジカルにも相当のエネルギーを要する。変更管理システムは、変更までの道を定めることにより、その負担を軽減し、適宜、必要なときに必要な変更を可能にするシステムである。そのようなシステムがないと、現実が計画からかけ離れてきても計画変更を臆して、役に立たない計画に固執して手遅れになったり、逆に、あちこ

変更管理

変更管理は、変更要求の内容を検討し、変更を承認し、変更をコントロールするプロセス

変更要求 → 変更承認 → 是正処置

ちで野放図に変更が起こり収拾がつかなくなったりする。*

　個人プロジェクトの場合は、自分で自分の作業を管理するので、このような変更管理システムを作る必要はないが、適宜、進捗モニタリングをおこない、実態が計画から離れてきて、もはや計画が役に立たないと判断したときには、計画を修正するべきである。その際、変更前の計画を廃棄してしまわず、残しておくことをお勧めする。経験から学ぶためである。ときどき過去の計画を並べてみて、その変化を振り返ることによって、計画のどこがどのようにまずかったのか、実行の何が適切でないのか、どういう作業が遅れがちなのか、自分にはどういう"くせ"があるのか、といったことについて考え、反省し、次の計画と実行に活かすのである。現状に即した計画しか持っていないと、このような振り返りができない。

---

*　スコープ・クリープ（Scope Creep）という言葉がある。蔓系植物がじわじわと地を這いながらその版図を広げていくように、プロジェクトのスコープが知らないうちにじわじわと広がっていく現象をいう。顧客からちょっと機能を付け加えてくれといわれて安請け合いしたり、目の前の問題を解決しなくてはと思ってプロジェクト目標につながらない活動をしたり、プロジェクト・スコープがプロジェクト・マネジャーの知らないところで広がっていくことは多い。だから変更は管理されなければならないのである。

第6章

終結プロセス：論文審査

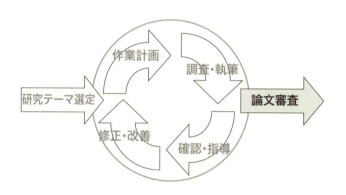

第6章 終結プロセス：論文審査

　終結プロセスには大きく分けてふたつ作業がある。ひとつは、プロジェクトのすべての活動を終了し、完成した成果物を顧客に引き渡し、プロジェクトを終わらせること。もうひとつは、プロジェクトの最終評価をおこない、プロジェクトをとおして得た学びを以後のプロジェクトに活かすために、反省や教訓を文書化することである。

　論文執筆プロジェクトの場合は、論文というプロジェクトの成果物をもって論文審査を受け、めでたく合格して学位を受け、プロジェクトを終わらせるのがひとつ。そしてもうひとつは、今後の論文執筆を今回よりもさらに効果的・効率的におこなうために、プロジェクトマネジメントの観点から今回の活動を振り返り、反省や教訓を文書にして残すことである。

終結プロセス

1. スコープ内のすべての作業の完了確認
2. すべての成果物の納入と検収
3. 顧客や業者とのすべての契約の履行確認
4. プロジェクト・ファイルの整理と保存
5. チーム・メンバーの異動と再配置
6. 資機材の処分と再配置
7. すべての会計処理の完了確認
8. 成果物管理のための運用・保守部門への責任移管
9. プロジェクト完了報告書の作成とプロジェクト評価

　前後するが、プロジェクトの振り返りについて先に触れておくと、プロジェクトの振り返りは以下の4つの観点からおこなう。

1. プロジェクト目標は達成されたか
2. 何がうまくいったか
3. 何がうまくいかなかったか
4. 次はどうやるか

　論文執筆プロジェクトの場合、プロジェクト目標は論文審査に合格して学位を受けることであるから、目標が達成されたかどうかは振り返るまでもなく明らかだろう。プロジェクトマネジメントとして重要なのは、何がうまくいったか、いかなかったか、次はどうするか、である。これらについて振り返る際は、どういうリスクや問題が起こったのか、それに対してどういう対策をとったのか、とらなかったのか、その結果どうなったのか、といったことを確認する。そして、では、次に同様のプロジェクトをおこなう際に、今回よりももっとうまくやるために、何に気をつけ、どういうマネジメントをするのかについて考えることである。そしてそれらを文書にして残す。

　簡単だが、プロジェクトの振り返りについては以上とし、以下、成果物の納入と検収、すなわち論文審査について、その手続きや準備、心構えを解説する。

6.1　学位取得までの流れと心構え

　修士と博士で、また大学によって、学位取得までの流れは多少異なるが、ここでは博士論文を念頭に、一般的な手続きや準備、心構えについて概説する。

　博士後期課程に入学してから学位を取得するまでの大まかな流れは次のとおり。

1. 研究計画書の提出：入学後、所定の期限内に指導教官へ提出し、承認を得る。
2. 博士論文中間発表（予備審査）：入学して2年から3年後におこなう。非公開の場合が多い。研究の進捗状況を報告する。

3. 博士論文提出資格の取得：指導教官などに草稿を提出し、承認を得る。
4. 博士論文審査委員の決定：主査1名と副査数名。教授会で承認。
5. 博士論文の提出：論文審査委員が内容を精査。
6. 公聴会（ディフェンス）：一般公開による口頭での最終審査。
7. 学位授与資格有無の決定
8. 学位授与

　論文執筆プロジェクトの終結プロセスは、おもに3.以降に相当する。ここで大事なことは、何よりも指導教官(ないし主査の先生)とのコミュニケーションである。
　第一に、博士論文の審査は、提出する前も後も教授会や審査委員の承認が必要な事務手続きが多い。そのため年度終了時に博士号を取得しようと考えたなら、期限ギリギリになって提出できないようなことにならないよう、所定の手続き（提出物、期限など）について早めに指導教官や教務担当者に確認しよう。既述のWBSやスケジュール・バーチャートに、こうした諸手続きを盛り込んでおくとよいだろう。たとえば、博士論文提出締め切りの6カ月前には指導教官に草稿を提出、3カ月前には英文ネイティブチェックをお願いし、再度修正するなど、余裕をもった執筆計画を立てておこう。もちろん、内容についても指導教官に適宜指示を仰ぎ、納得がいかない部分があればきちんと話し合っておくこと。中間発表後はとくに、指導教官が逐一指導するというよりも、論文提出のタイミングを含めて学生自身に委ねられることが多い。そのためコミュニケーションがいっそう重要となる。指導教官からの提出許可が下りれば、3.以降の手続きはほぼ事務的に進む。
　コミュニケーションが重要なふたつめの理由は、心を守るためである。博士論文は修士論文に比べて長い時間がかかる。大学院ゼミ以外の講義に出る必要もなくなり、ひとりで黙々と論文を書く作業が続く。この間は、何をしても落ち着かない。計画どおりに執筆が進まないことへのプレッシャーから、精神的に追い詰められ、うつ病を患ってしまう学生もいる。そうなると、大学で指導教官の顔を見るのが怖くなり、大学に来ることさえできなくなってしまう。論文に行き詰まったら、なるべく早く指導教官に相談しよ

う。それが難しいと感じるならば、友達や先輩に話してみよう。同じような悩みを克服した経験を、きっと聞くことができるはずである。筆者自身の反省も込めて書けば、これを後回しにするほど博士論文の完成は遠のいてしまう。

6.2 中間発表（予備審査）

中間発表をどう活かすかは、終結プロセスの成功を左右するといってよい。中間発表は、博士後期課程入学後、数年が経過したのちに主・副指導教官の前でおこなう口頭のプレゼンテーションである。質疑応答を含め1時間程度。ここでのコメントや指摘された内容は大変重要である。最終的な論文審査の際、中間発表で指摘された内容が博士論文に反映されているかは、少なからず問われる部分である。必ずメモをとり、指摘された部分が理解できなかったり、納得ができなかったりした場合は、指導教官と話し合うこと。

6.3 自己チェック

6.3.1 論文のタイトルは適切か

予備審査を無事通過したら、論文の完成まであと一歩である。第一原稿が完成したら、以下の点について自己チェックしてみよう。

まずは論文タイトルである。立ち上げプロセスにおいて決定した論文タイトルが、執筆をひととおり終えた現時点でも適切かどうかを再検討してみよう。立ち上げプロセス、計画プロセス、実行プロセスを経るなかで、研究テーマに対する認識は少なからず変化するものである。論文タイトルと実際に執筆した論文内容とが合致しなくなった場合は、それに応じたタイトルに変更する必要がある。その場合は、タイトルの変更が許されないタイミングとならないよう早めに指導教官に相談すること。

6.3.2　資料の扱い方

ふたつめは資料の扱い方が適切かどうか、である。資料には、書籍、学術論文、一般雑誌や新聞記事、統計資料などの政府刊行物、インターネット情報等のように、おもに他人が調査・執筆・作成したものと、自らがフィールドワークやアンケートなどをつうじて作成したものがある。

原則として1次資料を使い、孫引きをしないことが重要である。また剽窃部分がないよう、引用、脚注、参考文献に抜けがないか、厳しく自己チェックをおこなおう。とくに最近では、研究者への信頼が揺らぎ、研究者個人の倫理観に委ねるのではなく、剽窃チェックソフト等を利用した2重、3重のチェック体制をとる大学が増えている。剽窃が明らかになった場合、学位が取得できないばかりか、停学等の厳しい処分を受ける場合もある。また学位認定後に発覚した場合、学位が取り消される場合もある。

出典の示し方については、各大学において学位論文執筆要項等で詳しく定められているため、必ず事前に目をとおすこと。また用語・表現の統一やレイアウト、図表の示し方等に間違いがないかも併せて確認しよう。

6.3.3　論文審査

論文審査について一般論を述べることは難しい。参考になるのは、同じ研究科で過去に博士号をとった諸先輩方の博士論文や指導教官の助言である。最近は、産学官の連携やグローバル化を視野に学位の認定基準も多様化しつつある。下の囲みは、最近導入が進みつつある「博士論文研究基礎力審査」についての文部科学省による説明文である。大学院教育は大きな変化の中にあるといってよい。こうした新しい流れにも注目しておきたい。

「博士論文研究基礎力審査」の導入について

(文部科学省 web サイトより)

1. 我が国の大学院の課題

　グローバル化が進展する知識基盤社会において、専門分化する膨大な知の体系を俯瞰しながら物事の本質を捉え、新たな価値を創造し、人類社会が抱える未知で複雑な課題の解決を先導する高度な人材として、博士の重要性はますます高まっている。

　我が国の博士課程は、優れた修了者を輩出し、我が国の高い研究力を牽引してきたものの、産学官を問わず十分に活躍しているとは言えない。その背景として、教育が個々の担当教員の研究室で行う研究活動に依存する傾向にあることが指摘されている。我が国の博士が、アカデミアはもとより広く産学官の中核的人材としてグローバルに活躍していくためには、広範なコースワークや複数専攻制、研究室のローテーションなどの専攻分野の枠を超えた体系的な教育を経て独創的な研究を計画し遂行させるなど、博士課程の5年間を通じて一貫したプログラムを構築することが必要である。

2.「博士論文研究基礎力審査」の導入の必要性

　我が国では、博士課程を持つ大学のほとんどが前期と後期の区分制を採用している。前期の課程は、修士課程として扱われるため、その課程を修了する要件として、修士論文又は特定課題の研究成果という一定の研究成果の審査と試験を課し、修士号を取得して、後期の課程に進むことになっている。

　前期の課程を通じて研究成果をまとめることは、研究者としての資質を涵養し、その適性や進路を見極めるために大きな役割を果たすものの、博士課程の5年間を通じて一貫したプログラムを構築する観点からは、研究テーマが早い時期に特定され、狭い範囲の研究に陥る傾向などが指摘されている。

そこで、前期の課程を修了し修士号を授与する要件として、「博士論文研究基礎力審査」（専攻分野に関する高度の知識・能力と関連分野の基礎的素養に関する試験、そして博士論文に係る研究を主体的に遂行するために必要な能力に関する審査）を修士論文又は特定課題の研究成果の審査と試験に代えて課すことができるように、その旨を大学院設置基準に位置づけることが適当である。
（なお、これは修士課程のみの専攻の場合には適用されない。）

3. 導入に当たっての厳格な評価

大学が「博士論文研究基礎力審査」を課す場合は、教育の質を保証する観点から、①専攻分野と幅広い関連分野の専門的知識・能力を筆記試験で評価した上で、②博士論文研究を行う分野に係る研究の背景や意義、展望に関する認識や、課題を設定し研究を推進する能力等を研究報告・口頭試問で評価する、といった２段階からなる厳格な評価とすることが適当である。

また、厳正かつ客観的な審査を確保するため、各大学において、学外教員や関連分野の教員を交えた審査体制が確保されるべきである。

4. 留意事項

(1) 前期の課程の教育と取得単位の取扱い

「博士論文研究基礎力審査」を課す場合は、前期の課程では、修士論文の作成に要する時間・学修量以上に、広範なコースワークや複数専攻制、研究室のローテーションなどの体系的な教育を質・量ともに充実させるべきであり、30単位（大学院設置基準に定める最低取得単位数）を超える修了要件の設定などがなされるべきである。

(2) 後期の課程への選抜と教育の取扱い

「博士論文研究基礎力審査」により前期の課程を修了し、後期の課程に進学しようとする者の選抜は、各大学において適切に対応することが求められる。

また、後期の課程では、一人ひとりの学生が、体系的な教育を通

じて修得した広範な知識や能力を生かし、独創的な博士論文研究を計画し遂行できるよう充実した教育が実施されるべきである。

(3) 大学院の総合的な改革の必要性

「博士論文研究基礎力審査」の導入は、博士課程の5年間を通じて一貫したプログラムを構築し、優秀な学生を惹き付け、俯瞰的視点と独創力を備えグローバルに活躍できる優秀な博士を輩出することを目的としている。

各大学においては、こうした趣旨を踏まえ、人材養成目的の設定、学生の選抜、プログラムの編成、博士学位審査等の総合的な改善に取り組むことが強く求められる。

第7章
共同研究のプロジェクトマネジメント

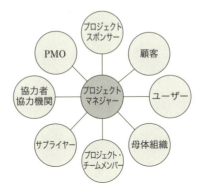

第7章

共同研究のプロジェクトマネジメント

　本章では、共同研究のプロジェクトマネジメントについて解説する。プロジェクトマネジメントの考え方、順序、ツールなどは、前章までの個人の論文執筆プロジェクトと基本的に同じである。違いは、共同作業なので、メンバーのリクルートから始まり、各メンバーの能力や適性に応じた作業分担、メンバー全員のスケジュール調整など、チームによる共同作業を計画し、実行し、モニターすることである。

7.1 プロジェクトチーム編成

　プロジェクトの立ち上げ段階で、研究テーマを絞り込み、ロジックモデルを作り、何をするかが見えてきたら、共同研究の場合、次に、誰が、何を、どうやるかを考え、それらができるプロジェクトチームを編成する。同じ研究テーマに興味・関心を有し、その作業に一定の時間と労力を割くことに積極的な価値を見出し、前向きに取り組む意思のある人材をリクルートしなければならない。

　人選が固まってきたら、そのメンバーで研究テーマに関する理解を共有する必要がある。あるいはこの段階で研究テーマの見直しも議論になるかもしれない。メンバーの許容範囲内での研究テーマの見直しであれば、それは有益な議論になるだろう。そして、研究テーマの議論を深めるなかで、チーム・メンバーが最終的に決まっていく。

> **チーム・メンバーの人選**
> - 経験
> - 投入の可能性
> - 知識・スキル
> - プロジェクトに対する興味・関心
> - チーム内でうまくやっていけるか

「プロジェクトは人である」といわれる。プロジェクトの成功は良いチームができるかどうかにかかっているということだ。始めから完璧なチームなどありえない。チームは育てるものである。チームの育成はメンバーの人選から始まる。共通の目的を有する、気の合う仲間たちとのチームが作られることを期待したい。

7.2　スケジューリング

作業の所要期間を見積もる際に、どういう資機材（論文執筆の場合は分析ソフトや執筆ソフト）を用いるかによって作業時間が異なるという話は第4章でもしたが、共同研究ではより配慮が必要なところである。経験のある人が使い慣れた機材を使って作業に当たるのと、そうでないのとでは、当然、所要時間に大きな差が出てくる。そのため、スケジューリングは、すでに見たように、まず各活動を誰がどういう道具を使ってやるかを決めるところから始める。スケジュールを決めるのはその後だ。先にスケジュールを決めてから要員を割り振るということがなされがちだが、それは順序が逆だ。

作業担当者と資機材がおおよそ決まったら、WBS表に追記する。あとは個人プロジェクトと同じである。それぞれの作業の所要日数を見積もり、先行作業を確認し、ネットワーク図を作ってクリティカル・パスを計算し、スケジュール・バーチャートを作る。

共同作業のWBS

成果	ワーク・パッケージ	責任者	作業員	資機材	所要期間	先行作業
1. 文献レビュー	1.1 文献を集める 1.2 文献を読んで文献ノートを作る	山本	全員	文献管理ソフト	12カ月 12カ月	Start Start
2. 研究計画	2.1 リサーチ・クエスチョンを決める 2.2 研究計画書を書く 2.3 論文執筆計画を立てる	山本	全員	—	3カ月 1カ月 1カ月	Start 2.1 2.1
3. 事例調査	3.1 調査計画を立てる 3.2 A国の現地調査を実施する 3.3 関係者インタビューを実施する 3.4 現地調査およびインタビュー結果分析	佐藤	佐藤 鈴木 高橋	質的分析ソフト	2カ月 1カ月 2カ月 4カ月	2.2, 2.3 3.1 3.1 3.2, 3.3
4. 論文執筆	4.1 先行研究レビューの章執筆 4.2 事例分析の章執筆 4.3 結論の章執筆 4.4 序章執筆	山本	全員	—	4カ月 5カ月 1カ月 1カ月	1.1, 1.2 3.4 4.1, 4.2 4.3
5. 論文審査	5.1 論文発表 5.2 審査(予備審査、論文修正、本審査)	山本	全員	—	2カ月 3カ月	4.4 5.1

7.3 人的資源管理

　個人プロジェクトでは、スケジュールが決まったら、次に、作業負荷ヒストグラムを作って作業の偏りを平準化した (4.2.5)。自分の仕事の負荷が偏らないように作業をならしたわけだが、共同研究プロジェクトの場合は、チーム・メンバー全員の作業負荷の偏りをならす必要がある。やり方は個人プロジェクトの場合と同じである。

人的資源計画の手順

1. バーチャート上に各作業の担当者名を書き込む。
2. バーチャート上に各担当者の作業負荷を書き込む。
3. 担当者ごとの作業負荷を合計して作業負荷ヒストグラムを作成する。
4. 作業負荷の偏りを平準化する。

人的資源計画の手順
1. バーチャート上に各作業の担当者名を書き込む。
2. バーチャート上に各担当者の作業負荷を書き込む。
3. 担当者ごとの作業負荷を合計して作業負荷ヒストグラムを作成する。
4. 作業負荷の偏りを平準化する。

1. 各作業の担当者はすでにスケジューリングの最初の作業で決まっているので、その担当者名をバーチャート上に記入する。
2. 各担当者がその作業に費やす時間の比を％で表示する（4.2.5参照）。
3. 担当者ごとの作業負荷を合計して、各人の作業負荷ヒストグラムを作成する。
4. ヒストグラムを見て、各担当者の作業負荷を平準化する。共同作業の場合の平準化の方法は、4.2.5で紹介したふたつに加えて、時間的に

担当者ごとの作業負荷

WBSコード	所用月数	1	2	3	4	5	6	7	8	9	10	11	12	13	14
1	2	←山本(100%)、佐藤(100%)、鈴木(100%)、高橋(100%)													
2	1			←山本(100%)、佐藤(100%)、鈴木(100%)、高橋(100%)											
3	2					←山本(100%)、佐藤(100%)、鈴木(100%)、高橋(100%)									
4	5						山本(50%)、高橋(100%)----------◆								
5	2						山本(50%)-------◆								
6	4						山本(100%)、佐藤(75%)								
7	2										山本(50%)				
8	2				山本(50%)、佐藤(50%)、鈴木(100%)、高橋(100%)→										
9	1					山本(50%)、佐藤(50%)、鈴木(50%)、高橋(50%)→									
作業負荷 山本		100%	100%	100%	100%	100%	200%	200%	150%	150%	100%	50%	50%	50%	50%

作業負荷ヒストグラム 山本（200%/150%/100%/50%/0%）

| | 1 | 2 | 3 | 4 | 5 | 6 | 7 | 8 | 9 | 10 | 11 | 12 | 13 | 14 |

余裕のある他のメンバーに作業の一部を振り分けるという方法がある。したがって、共同作業の場合の平準化の方法は以下の3つである。

1) フロート内で作業の実行時期をずらす。
2) フロート期間いっぱいまで作業の実行期間を延長して、負荷を広く薄くのばす。
3) 時間的に余裕のある他のメンバーに作業の一部を振り分ける。

作業要員を新たに追加するという手もある。ただしその場合は、新たに加わったメンバーの作業効率は低いことが普通だし、新メンバーの教育や指導といった新たな作業が生じ、かえってほかのメンバーの作業負荷が増えることにもなりかねない。人手を増やせば作業のスピードがあがるという単純なものではないので、注意が必要である。

7.4　コミュニケーション管理

チームでプロジェクトをおこなう場合は、チーム・メンバー間のコミュニケーションが非常に重要になる。メンバー間の意思統一、情報共有といったことがなされていないと、各人が勝手な方向を向いて作業をし、本来であれば相乗効果を期待するところが、お互いに足を引っ張り合う結果になりかねない。各人にそんな意図はないのに、気がついたらそうなっているところがコミュニケーションの怖いところだ。

情報のやりとりに関して、発信者には情報を正確に伝える責任があり、受信者には情報を正確に受け取る責任があるという、双方に等しく責任があるとしているところが、プロジェクトにおけるコミュニケーションの考え方の特徴的なところである。正しい情報を発信したとしても、相手がそれを正しく理解しなければ、正しい情報を発信したことにはならないということだ。では、相手が正しく理解したかどうかをどうやって確認するのか？　相手からなんらかのフィードバックを得ることである。コミュニケーションは、情報を送って終わりではなく、相手からのフィードバックを得てはじめて完結するのである。

第7章　共同研究のプロジェクトマネジメント　　97

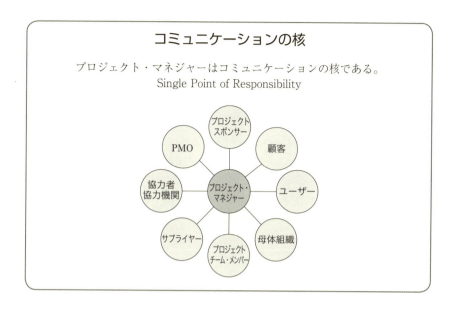

　また、プロジェクト・マネジャーをコミュニケーションの核とし、コミュニケーションの失敗は、その理由のいかんを問わず、プロジェクト・マネジャーが責任を引き受けるとしている点も特徴的である。プロジェクトマネジメントでは、コミュニケーションに限らず、single point of responsibility と呼んで、プロジェクト・マネジャーを唯一最終の責任者としている。プロジェクト・マネジャーは、プロジェクトの責任者であり、プロジェクト実施機関の代表者であり、プロジェクトに関するすべての情報の集約点なのである。
　共同研究においても、リーダーすなわちプロジェクト・マネジャーとなる人間ははっきりと決めておくべきである。複数の人間がひとつの仕事を進めていくには、情報の集約点として、リーダーを置くことは必須である。そしてリーダーは、チーム・メンバー全員がつねに等しく情報を共有できるように、情報共有の仕組みを作り、頻繁に情報共有する機会を設けなければならない。
　では、どういう情報共有の仕組みを作ればよいのか。さまざまな情報伝達手段が発達してきているが、現時点では依然として、中心的なコミュニケーション手段は報告書と会議である。したがって、コミュニケーション計画では、目的的で体系的な報告書と会議の仕組みを計画することになる。

> ## コミュニケーション計画
>
> - コミュニケーション計画では、誰が、いつ、どのような情報を必要としており、その情報を誰が、どのように提供するかを計画する。
>
> - **コミュニケーションは計画されなければならない**
>   単なるおしゃべりはコミュニケーションではない。
> - **コミュニケーションの核は報告書と会議である**
>   体系的な報告書（レポーティング）と会議（ミーティング）であること。
> - **コミュニケーション・コストを見積もること**
>   会議の開催、参加、情報の入手など、コミュニケーションは高くつく。しかし、コミュニケーションの失敗はそれ以上に高くつく。

コミュニケーションを計画するにあたっては、誰が、いつ、どのような情報を必要としているかを特定し、その情報を、誰が、いつ、どのように提供するかを決定する。以下のような項目をコミュニケーション計画に盛り込むことになる。

1. 誰に：情報の受信者
2. 何を：内容、書式、詳細度など
3. なぜ：情報を配布する理由、目的
4. 誰が：情報の発信者
5. いつ：情報送信のタイミング、頻度
6. 何で：メモ、メール、電話、報告書、会議などの情報伝達手段
7. フィードバック：いつまでに、誰が、どうやってフィードバックを受けるか
8. 保管：コミュニケーション履歴を誰がどこにどのように保管・管理するか

会議は、情報伝達だけではなく、意思決定や分析作業を目的とした会議もあるので、会議の目的を明確にし、その目的に適した出席者を選び、その目的を事前に参加者に正確に伝えておく必要がある。会議の目的としては、情

報伝達・情報交換、企画・計画、交渉、現状分析、意思決定、進捗管理、問題解決などが考えられる。

コミュニケーションのコストを見積もっておくことも忘れてはいけない。会議の開催費用、参加のための移動、情報の入手など、コミュニケーションはけっこう高くつくのである。しかし、コミュニケーションの失敗はそれ以上に高くつく。しっかりしたコミュニケーション計画が求められる所以である。

7.5　進捗モニタリング

進捗モニタリングは、個人プロジェクトの場合は、自分の作業の進捗状況を自分でモニターするというものだったが、共同研究プロジェクトの場合は、それをチーム・メンバー間でおこなう必要がある。したがって、よりシステム化したやり方が求められるし、簡易ながら、進捗報告書も作成したほうがよいだろう。

進捗モニタリングの頻度ややり方は、チーム・メンバーが集まる頻度にもよる。しばしば顔を合わせる機会があるのなら、その都度ひとりひとりの進捗状況を報告しあい、バーチャート上にイナズマ線で標記して確認すれば十分だろう。集まる頻度が低いのであれば、各自に簡単な進捗報告を作ってもらい、それをリーダーがとりまとめ、プロジェクトとしての進捗報告書を作ってメンバーにフィードバックするとともに、指導教官に報告することになる。

指導教官への報告書も、個人プロジェクトの場合はイナズマ線入りのバーチャートで十分だろうが、共同研究の場合は、作業の進捗状況と将来予測、コストの収支と将来予測、リスクの発生状況と対策などが示された報告書であることが望ましい。次ページに進捗報告書の例を示す。

報告は、確実に継続的におこなっていくことが最も重要になるが、そのためには簡易なシステムにしておいたほうがよい。次ページの例は1枚紙の報告書の例である。報告書の作成が負担になるようでは、継続的な報告はおぼつかない。

プロジェクト進捗報告書フォーマット例

プロジェクト進捗報告書

プロジェクト名：＿＿＿＿＿＿＿＿＿＿＿＿＿＿＿　　プロジェクト・マネジャー：＿＿＿＿＿＿＿
報告者：＿＿＿＿＿＿＿＿＿　　報告受領者：＿＿＿＿＿＿＿＿＿　　報告日：＿＿＿＿＿＿＿
上位目標：＿＿＿＿＿＿＿＿＿＿＿＿＿＿＿＿＿＿＿＿＿＿＿＿＿＿＿＿＿＿＿＿＿＿＿＿＿＿
プロジェクト目標：＿＿＿＿＿＿＿＿＿＿＿＿＿＿＿＿＿＿＿＿＿＿＿＿＿＿＿＿＿＿＿＿＿＿
成果1：＿＿＿＿＿＿＿＿＿＿＿＿＿＿＿＿＿＿＿＿＿＿＿＿＿＿＿＿＿＿＿＿＿＿＿＿＿＿＿
成果2：＿＿＿＿＿＿＿＿＿＿＿＿＿＿＿＿＿＿＿＿＿＿＿＿＿＿＿＿＿＿＿＿＿＿＿＿＿＿＿
成果3：＿＿＿＿＿＿＿＿＿＿＿＿＿＿＿＿＿＿＿＿＿＿＿＿＿＿＿＿＿＿＿＿＿＿＿＿＿＿＿
成果4：＿＿＿＿＿＿＿＿＿＿＿＿＿＿＿＿＿＿＿＿＿＿＿＿＿＿＿＿＿＿＿＿＿＿＿＿＿＿＿

達成状況
上位目標：＿＿＿＿＿＿＿＿＿＿＿＿＿＿＿＿＿＿＿＿＿＿＿＿＿＿＿＿＿＿＿＿＿＿＿＿＿＿
プロジェクト目標：＿＿＿＿＿＿＿＿＿＿＿＿＿＿＿＿＿＿＿＿＿＿＿＿＿＿＿＿＿＿＿＿＿＿
成果1：＿＿＿＿＿＿＿＿＿＿＿＿＿＿＿＿＿＿＿＿＿＿＿＿＿＿＿＿＿＿＿＿＿＿＿＿＿＿＿
成果2：＿＿＿＿＿＿＿＿＿＿＿＿＿＿＿＿＿＿＿＿＿＿＿＿＿＿＿＿＿＿＿＿＿＿＿＿＿＿＿
成果3：＿＿＿＿＿＿＿＿＿＿＿＿＿＿＿＿＿＿＿＿＿＿＿＿＿＿＿＿＿＿＿＿＿＿＿＿＿＿＿
成果4：＿＿＿＿＿＿＿＿＿＿＿＿＿＿＿＿＿＿＿＿＿＿＿＿＿＿＿＿＿＿＿＿＿＿＿＿＿＿＿

活動進捗状況

活動	1	2	3	4	5	6	7	8	9	10	11	12	13	14	15
活動 1-1															
活動 1-2															
活動 1-3															
活動 2-1															
活動 2-2															
活動 2-3															
活動 3-1															
活動 3-2															
活動 3-3															

現時点

活動進捗状況の概要　＿＿＿＿＿＿＿＿＿＿＿＿＿＿＿＿＿＿＿＿＿＿＿＿＿＿＿＿＿＿＿＿

支出	予定	実際	差額	今後の支出予定	総支出額予測
	＿＿円	＿＿円	＿＿円	＿＿円	＿＿円

リスク発生状況
リスク：＿＿＿＿＿＿＿＿＿＿＿＿＿＿＿＿　　プロジェクトへの影響：＿＿＿＿＿＿＿＿＿
＿＿＿＿＿＿＿＿＿＿＿＿＿＿＿＿＿＿＿＿＿　　＿＿＿＿＿＿＿＿＿＿＿＿＿＿＿＿＿＿＿

対応：＿＿＿＿＿＿＿＿＿＿＿＿＿＿＿＿＿＿　　対応による影響：＿＿＿＿＿＿＿＿＿＿＿
＿＿＿＿＿＿＿＿＿＿＿＿＿＿＿＿＿＿＿＿＿　　＿＿＿＿＿＿＿＿＿＿＿＿＿＿＿＿＿＿＿

課題
＿＿
＿＿

7.6 プロジェクトチーム管理

7.6.1 キックオフ・ミーティング

　プロジェクトが実行プロセスに入り、いよいよ作業を開始する段階になると、まずはじめにキックオフ・ミーティングを開催する。仲間意識を醸成し、士気を高め、チームに「はじめ！」の合図を送る重要なミーティングである。キックオフ・ミーティングはチーム・メンバーの全員参加でおこなう。指導教官にも参加してもらうとよい。ミーティングでは以下の事項を確認する。

1. プロジェクト・ロジックモデル（プロジェクト目標、成果、おもな活動など）
2. プロジェクト・マネジャー（リーダー）*の役割・責任・マネジメント方針など
3. チーム・メンバー各自の目標と責任
4. プロジェクト・スケジュール（全体スケジュールとマイルストーン）
5. 報告書や会議のやり方、コミュニケーションのとり方

　もちろん、これらを確認するだけでなく、必要に応じてその場で話し合い、修正し、合意を固める。そして、チーム・メンバーひとりひとりのプロジェクトに対するコミットメント（責任をもって関わること）を取りつけ、チーム・スピリット確立の第一歩とする。

---

*　プロジェクト・マネジャーとプロジェクト・リーダーは区別されることが多いが、その違いは明確ではない。プロジェクト・マネジャーを、single point of responsibility として上位に置き、その下の各作業グループのリーダーをプロジェクト・リーダーと呼ぶこともあれば、プロジェクトの目的・目標を決めるのがプロジェクト・リーダーで、その目的・目標を達成するための作業をマネージするのがプロジェクト・マネジャーだとする考え方もある。この考え方だとリーダーがマネジャーの上位に立つ。学生による共同研究の場合は、少ない人数のなかでリーダーとマネジャーを分ける余裕もないだろうし、仮に分けることができても、船頭が増えるリスクがあるので、ひとりで兼ねるのがよいだろう。本書ではリーダーとマネジャーをとくに区別しないこととする。

> ### キックオフ・ミーティング
>
> **目　的**
> ・一体感・仲間意識の醸成　　・各人の目標と責任の明確化
> ・目標達成の士気向上　　　　・プロジェクト・マネジャーの
> ・コミットメントの取りつけ　　　役割と立場の明確化
>
> **議　題**
> ・プロジェクトの目的と目標
> ・重要な成功要因
> ・成果の内容と期日
> ・プロジェクト・スケジュール
> ・作業割り当て、作業の期日
> ・問題や課題をプロジェクト・マネジャーにどう報告するか
> ・進捗報告書などの報告書をいつどのように提出するか
> ・チーム会議の日程
> ・作業開始のゴーサイン

7.6.2　チーム育成

　このようにしてチームが活動を始め、プロジェクトが動き始める。前述のとおり、プロジェクトの成功はチームにかかっているといっても過言ではない。しかし、はじめから完璧なチームはありえない。チームはプロジェクトをとおして育てられるのである。人間同士のつきあいだ。ごたごたすることもある。だが、チーム育成のプロセスを知っていれば、ごたごたしても、今はそういう時期なのだと、落ち着いていられる。プロジェクトチームは以下の4つの段階をへて成長するといわれている。

1. 成立期（Forming）：チーム・メンバーが集められ、プロジェクトの目標やスケジュール、各自に期待される役割と責任などの説明を受ける。この段階では、メンバーはまだお互いのことをよく知らず、新しいことへの不安をかかえていて、遠慮がちに振る舞う。
2. 動乱期（Storming）：目標達成へのアプローチを模索するなかで、メ

ンバー間の考えや価値観がぶつかりあい、各自がチーム内での自分の立場を有利に確立しようとして、対立が起こる。これは自然な流れであり、次の段階へのステップであるから、この段階での対立を恐れることはない。意見の相違や対立が起こったら、ごまかすことなく、オープンに話し合うことである。その際に重要なことは、個人の人間性にではなく、問題となっている課題に焦点を当てること。そして、何のためのプロジェクトかを思い出し、チーム全員がプロジェクト目標に意識を向けることである。

3. 安定期（Norming）：動乱期を抜けるとチームは安定する。各自の立場と責任範囲が明確になり、落ち着いて仕事に打ち込めるようになる。また、メンバー間の理解が進み、一体感が高まる。ただし、放任すると動乱期に逆戻りする可能性があるので、定期的に集まる機会をもち、コミュニケーションを絶やさないことである。

4. 遂行期（Performing）：チームが順調に成長していくと、最も成熟した段階として、遂行期をむかえる。チームの生産性や効率が高まり、メンバー同士が助けあい学びあいながら目標達成に向かっていく。ただし、すべてのチームがこの段階に達するわけではない。また、強引にこの段階にもっていくこともできない。チーム・メンバーがお互いを信頼し、リーダーを信頼し、チーム一丸となってプロジェクト目標に向かって邁進するとき、この段階に達することができる。

7.6.3　リーダーシップ

このようにチームを育て、プロジェクト目標を達成するうえで、プロジェクト・マネジャー（リーダー）の役割は大きい。プロジェクト・マネジャーのリーダーシップにはさまざまなことが期待されるが、ここでは可視化とコミュニケーションのふたつを取り上げる。

可視化にはふたつの意味がある。ひとつはプロジェクト・マネジャーの姿が見えるようにすることであり、もうひとつはプロジェクトをチーム・メンバーに見えるようにすることである。

まず、プロジェクト・マネジャーはつねにメンバーの目につくところにいる必要がある。プロジェクト・マネジャーはプロジェクトの象徴であり、メンバーはプロジェクト・マネジャーを見ている。だから、つねにプロジェクトの現場にいて、リーダーがメンバーに望むように、リーダー自身が振る舞うのである。MBWA（Management By Walking Around）という言葉がある。「巡回管理」と訳されたりするが、要するに、現場をうろうろと歩きまわってプロジェクトをマネージするということだ。プロジェクト・マネジャーはMBWAをモットーとしてもらいたい。

また、プロジェクトはチーム・メンバーからつねに見えていなくてはならない。7.5でチーム・メンバーから進捗報告を受ける話をしたが、チーム・メンバーから報告を受けたら、プロジェクト・マネジャーはそれをまとめてチーム・メンバーにフィードバックしなければならない。問題系図、ループ図、プロジェクト・ロジックモデル、WBS、スケジュール・バーチャートなどを使って、作業の進捗状況、プロジェクト目標の達成見込みなど、プロジェクトの現状を絶えずチーム・メンバーに見せることである。プロジェクトの全体像をつかみ、そのなかに自分を位置づけることによって、チーム・メンバーは自分のやるべきことを考えるようになる。つねにプロジェクトの全体像を見せることが、チーム・メンバーが自分で考え、自分の責任において行動し、期待された役割を果たすような、自律的なプロジェクトチームづくりの第一歩となる。

コミュニケーションは、プロジェクト・マネジャーのスキルとして強調してもしきれないほど重要だ。プロジェクト・マネジャーはその時間の70〜90％をコミュニケーションに費やしているといわれている。7.4で会議や報告書など、公式のコミュニケーションについて解説したので、ここでは非公式のコミュニケーションについて付け加えたい。ここでも推奨されるマネジメント・スタイルはMBWAである。現場を歩きまわって、チーム・メン

バーひとりひとりと言葉を交わし、話を聞く。会議の席で話しにくかったことや、報告書に書きにくかったことも、1対1なら話すことができる。その際リーダーとして大事なのは、話すことよりも聞くこと。それも、ただ聞くのではなく、能動的に聞くこと。相手の顔を見て、身振り手振りや表情にも注意を向け、うなずいたり、うながしたり、質問したりして、相手の話に関心を示す。「あなたの話を受けとめましたよ」という信号を送るのである。これをアクノレッジメント（acknowledgement）という。

　最後に、心構えについて少々。リーダーとしてのプロジェクト・マネジャーは、オープンであること、正直であること、ポジティブであること、そしてできれば少し有能であること。マネジャーとしてのプロジェクト・マネジャーは、つねにプロジェクトの全体像を把握し、ある程度のプロジェクトマネジメント・ツールを使いこなし、関係者とのコミュニケーションを絶やさず、事務仕事を厭わないこと（プロジェクトマネジメントのかなりの部分は事務仕事である）。そして、チーム・メンバーを信頼し、仕事を任せること。指示する際は、目的と成果は具体的に示すが、それを達成する方法は相手に任せる。ああしろこうしろと具体的な方法にまで細かく口出しするのは「マイクロ・マネジメント」といって、チームの自主性や創造性の芽を摘んでしまう干渉過多な業務管理である。

第8章

プロジェクトとしての論文執筆
実践例

第8章

プロジェクトとしての論文執筆
実践例

　最後に、本書におけるこれまでの内容を共同研究に活用した実践例を紹介する。取り上げるのは、名古屋大学大学院法学研究科が「法制度設計・国際的制度移植専門家の養成プログラム」（リーディング大学院）の学生を対象に開講しているプロジェクトマネジメント講義の「その後」である。この講義の実際の様子は本書の冒頭に写真つきで紹介したとおりである。本章の目的は、受講者が自らの研究活動に、プロジェクトマネジメント手法をどのように活用したかを探り、現時点での学びを明らかにすることである。

　以下ではまず、リーディング大学院プログラムの概要について簡単に触れたのち、本講義を受講した学生による実践レポートを紹介する。本レポートは共同研究への適用事例であり、本書がターゲットとしている論文執筆を直接取り扱うものではないが、学生による取り組みとその分析を知るうえで示唆に富む。最後に、リーディング大学院における取り組みをつうじた学び、とくにプロジェクトマネジメント手法を法学・政治学の研究計画に活用するうえで考慮すべき点を整理し、今後の展望を示したい。

8.1　プロジェクトマネジメント導入の背景

　法学研究科の開講科目として「プロジェクトマネジメント」が存在することを皆さんはどう思われるだろう。ミスマッチ、何をするのかわからない、必要性がわからない……、といった声が今にも聞こえてきそうである。なぜプロジェクトマネジメントなのか。この点は、本書の「はじめに」に触れたとおりであるがもう少し補足しておきたい。

第8章　プロジェクトとしての論文執筆 実践例

　近年、「グローバル化」と「産官学の連携」は、全国の大学・大学院が未来に向けた改革をおこなううえでの大きなスローガンとなっている。名古屋大学大学院法学研究科が進めるリーディング大学院プログラムは、同研究科がかねてより力を入れてきたアジア地域に対する法整備支援・研究・教育活動を基礎に、文部科学省からの補助金を受け、新たに展開している教育プログラムのひとつである。プロジェクトマネジメントは、このリーディング大学院に在籍する学生を対象に開講している必須科目のひとつである。
　リーディング大学院は、「国際的に活躍できるリーダー」としての法整備支援専門家の養成、主として実務に携わる人材の育成を念頭においている。そのため、法学研究科の通常のカリキュラム（研究者養成を目的に、公法、政治学、基礎法学、民事法、社会法、刑事法など、法や政治に関わる分野を中心とした科目構成）とは別の、独自のカリキュラムが必要とされた。現在リーディング大学院では、法学・政治学を学ぶ以外に、外国語（アジア言語）の修得、共同研究の実施、ミニ国際会議の企画・運営、インターンシップなども卒業要件に含まれている。これらをすべてこなしつつ学位論文を仕上げるには、できるだけ早い段階でプログラム全体を視野に入れ、しっかりとした研究計画を立てる必要がある。また教員側も、担当学生の研究の進捗状況のみならず、学外の研究者との共同研究やインターンシップへの取り組みを正確に把握し、適切に指導せねばならない。これは学生・教員双方にとっての新たな挑戦を意味した。
　このような、学生側、教員側双方を取り巻く新たな環境に対応するうえで、プロジェクトマネジメントは有用なのではないか。こうした背景から、プロジェクトマネジメントが必須科目として加わることになった。
　講義は、入学から1、2カ月ほど経過する時期に、集中講義形式で開講している。その狙いは、研究のスタートラインとなる研究計画を学生自ら作成できるよう指導することである。博士前期課程1年生を対象とする「プロジェクトマネジメント1」では、プロジェクトマネジメントの基礎を学ぶ。具体的には各自の研究テーマにしたがって、それを絞り込み、ロジックモデルを作成し、スケジュール・バーチャート、コスト見積もり、リスク対応までを実習をつうじて学ぶ。博士後期課程の学生を対象とした「プロジェクト

マネジメント 2」では、企業や援助機関において実際にプロジェクト管理を担当する専門家から話を聞くなど、より実践的な内容となっている。

では実際の活用事例を見てみよう。以下の 8.2 は、リーディング大学院に所属する 7 名の学生が、「共同研究」を進めるうえでプロジェクトマネジメント手法を活用した経験をまとめたレポートである[*]。研究論文の事例ではないが、研究プロジェクトに活用する際に生じた問題や解決策を探るうえで示唆に富むと思われる。

8.2　共同研究プロジェクトへの活用と課題——学生の視点から

8.2.1　共同研究プロジェクトの概要

（1）研究テーマと目的

対象とするプロジェクトは、リーディング大学院プログラムに設置されている Joint Research Workshop というカリキュラムのもとに実施された、法学・政治学に関する共同研究プロジェクトである。期間は 18 カ月間で、大枠となる研究テーマ「Local Governance」が与えられた。共同研究プロジェクトメンバーは、問題分析などをおこないながら研究トピックを絞り込み、その結果、世界的に問題となっている漁業上の乱獲問題と資源管理方法を共同研究のテーマとすることに決定した。

研究プロジェクトのタイトルは、「Joint Research: Strengthening Local Governance to Combat Overfishing: The case of Samut Sakhon Province, Thailand」である。対象地域はタイ王国サムットサコーン県（Samut Sakhon Province, Thailand）。同県の現状分析を実施したうえで、将来的なタイ地方政府ひいては中央政府が、この問題にどのように対応していくべきかの政策提言をおこなうことを目的とした。

---

[*]　8.2 の記述（文章および図表）については、リーディング大学院博士後期課程所属の高橋麻奈さんより提供いただいた。2015 年 7 月現在、リーディング大学院には 17 名（博士前期課程 12 名、後期課程 5 名）の学生が在籍している。国籍は、日本、ウズベキスタン、スリランカ、タイ、台湾、中国、バングラデシュ、フランス、ポーランドである。講義はすべて英語である。なお、本共同研究は、内 7 名によるものである。

Project Overview

Project Name:
Joint Research: Strengthening Local Governance to Combat Overfishing
- The case of Samut Sakhon Province, Thailand -
Duration: 18 months
Outputs:
1. Project Proposal
2. Activity Report
3. Final Report (Joint Part)
4. Final Report (Individual Part)
5. Organize Conference

プロジェクト概要

（出所：学生作成）

（2）共同研究のメンバーと役割

　プロジェクトメンバーは、名古屋大学法学研究科リーディング大学院プログラムに在籍する、国籍・性別・学年が混合したプロジェクトメンバーで構成された。メンバー数は7人5国籍である。おもな役割およびメンバーの詳細については、下表に記したとおりである。また、プロジェクト全体をつうじての使用言語は英語である。

プロジェクトメンバーリスト

	Nationality	Grade	Role	Contributions
1	Taiwan	Master student	Project Leader	A leader of the Joint Research; and a coordinator (who acts as a chairperson) of each meeting.
2	Japan	Master student	Project Sub-Leader	A vice-leader of the joint research; and a shaper (who challenges the team to improve) of every meeting.
3	Thailand	Master student	Project member	A resource investigator (who explores outside opportunities、especially the documents in Thai); and A monitor-evaluator (who analyzes the options is applicable in Thailand).
4	Sri Lanka	Master student	Project member	An implementer (who puts ideas into action); and a team worker (who encourages cooperation).
5	China	Master student	Project member	A implementer (who puts ideas into action); and a team worker (who encourages cooperation).
6	Taiwan	PhD student	IT tools / Project member	A plant (who presents new ideas and approaches); and specialists for IT creation (google drive、video meeting software platform).
7	Japan	PhD student	Project Management Officer / Project member	A complete finisher (who ensures thorough、timely completion); and Specialists for documentary format (meeting minute).

(出所：学生作成)

Project Structure

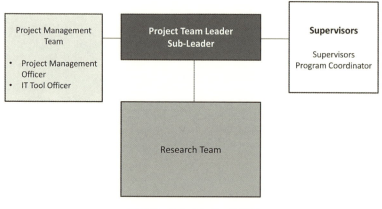

プロジェクトメンバー体制図

(出所：学生作成)

(3) スケジュール

期間は18カ月間。メンバーと話し合い、プロジェクト計画立案（Phase 1: Project Planning）、現地調査（Phase 2: Field Research）、プロジェクト実施・分析（Phase 3: Project Implementation）、個別報告の作成（Phase 4: Individual Report）の4フェーズに分けることとした。フェーズ3までが、おもに共同研究としてのフレームワークをデザインし、また必要な研究・調査をおこなう過程、フェーズ4では、共同パートでの調査結果をベースに、個々のメンバーが細分化した課題を担当し、個人ベースでの小規模研究を進めることとした。全体の流れと、プロジェクト管理のために作成したWBSは次のとおり。

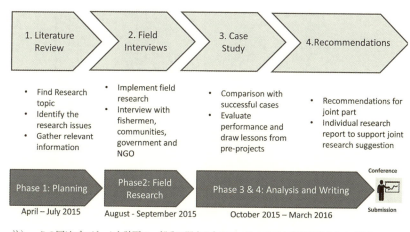

注） この図はプロジェクト計画の一部分に関するもので、18カ月の全期間を表すものではない。

共同研究全体の流れ

（出所：学生作成）

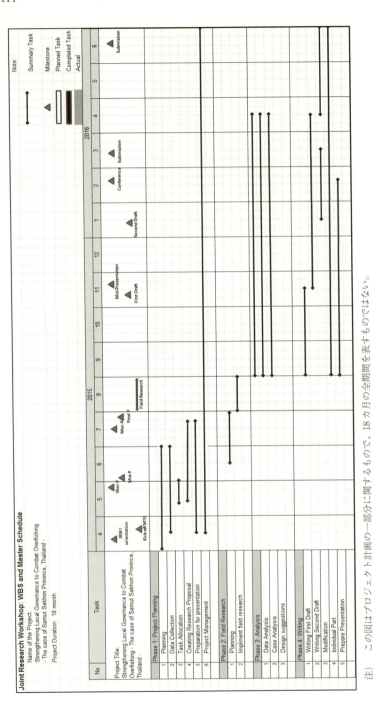

WBS およびマスタースケジュール

注) この図はプロジェクト計画の一部分に関するもので、18 ヵ月の全期間を表すものではない。

(出所：学生作成)

(4) 現在までの成果と明らかになったプロジェクト運営上の課題

現在、プロジェクトのフェーズ 1 を終えたところである。その成果として、プロジェクト計画書および、最終プレゼンテーションをおこなった。また、プロジェクト計画フェーズの活動内容を記した Activity Report を残した。

フェーズ 1 における最大の課題は、メンバー間での情報共有をおこなっていくうえでの ICT ツールが、適切に利用できなかったことである。ドキュメントや作成物管理に Google Drive を使用していたが、簡単に編集作業ができてしまう便利さから、ドキュメントのバージョン管理が適切におこなわれず、またメンバー間でのルール化も徹底できていなかった。また、ドキュメント管理に ZOTERO を使用しようとしていたが、メンバー間での活用能力の差が大きかったために、結局利用できなかった。

8.2.2 プロジェクト運営上の試み

(1) プロジェクト・キックオフ時

プロジェクト立ち上げの際に、プロジェクト定義をメンバー間でおこなった。おもな内容は、①プロジェクトにおけるルールの決定、②プロジェクトにおけるツールの決定である。

プロジェクトにおけるルールの決定とは、運営していくうえでどのようなことをメンバー間で守っていかなければならないかについてコンセンサスをとったことを示す。具体的には、全体スケジュールの作成、各担当者決め、議事録など日常的に作成する資料の担当者（またはローテーション表）、資料共有方法の決定（共有データベースの定義・管理方法の決定・使用する資料の作成担当者など）などを含む、メンバー間におけるプロジェクト運営上の一連の「決まり事」である。

プロジェクトのツールの決定とは、上記プロジェクト運営にあたり、必要な資料のテンプレートやフォーマットを作成し、メンバー間でコンセンサスをとる手段をさす。本プロジェクトにおいては、WBS およびマスタースケジュール、課題管理表、問題管理表、議事録フォーマットなどを作成した。

(2) 運営上の活用

共同研究のメンバー同士の意思決定や情報交換のツールとしてだけでなく、作成した資料は指導教官およびスーパーバイザーなど外部評価者に対する報告の際に活用した。その際には、通常の進捗報告に加え、適宜、最も重大であり緊急の課題についてメンバー間でコンセンサスをとり、洗い出し、進捗状況と共に報告した。

(3) 実質的（研究内容）活用

共同研究の実質的内容をめぐっては、おもに PCM 手法にもとづいて問題設定をおこなった。とくに研究トピックを決める際に、中心課題が何になるのか、また共同研究をしていくにあたりふさわしい課題は何なのかを考える際には、PDM（Project Design Matrix）を意識しながら、実際の PCM 手法にしたがって問題分析をおこなった。

プロジェクト会議全体

How to proceed the project
Meeting / Reporting

Meeting	Attendance	Cycle	Contents
Internal Meeting	Project Member	Twice a week	Progress check of the project Making decision for project Discuss about substantive contents
Official Review	Project Member Supervisors	Once every 2 weeks	Progress Report Review of presentation and research
Official Presentation	Project Member Supervisors Program Coordinator	Once every 2 months	Progress Report Official presentation regarding research proposal

（出所：学生作成）

第8章 プロジェクトとしての論文執筆 実践例　117

注) この図はプロジェクト計画の一部分に関するもので、18カ月の全期間を表すものではない。

フェーズ1における作業内容

(出所：学生作成)

8.2.3　課題

(1) 多国籍チームにおけるチームビルディング

プロジェクトチームは、多国籍メンバーで構成されており、またメンバー全員が使用言語である英語を母国語としていなかった。そのため、そのような環境下において、いかにお互いをわかりあい、お互いを尊重し、コミュニケーションをとっていくべきなのかという点が、プロジェクトを進行していくうえで重要であった。このような環境を乗り越えるために、以下の5点について実施を試みた。

1. メンバー間内でのルールを明確に設定する。
2. コミュニケーション・ツールを明確にする。

3. スケジュール管理を明確におこなう。
4. フォローアップ体制を都度明らかにする。
5. 常日頃から時間を共有する(食事をチームで一緒にとる、授業に一緒に出席するなど)。

(2) 法学研究におけるナレッジマネジメント

　法学分野の共同研究における特徴的な課題として、法律という分野がきわめて個々の社会的背景を反映したものであるということから、異なる法領域からの出身者によって構成される共同研究チームにおいて、特定の法律用語に対しての解釈や認識が異なるということがある。すなわち、法律用語や解釈はそれぞれの国家的・歴史的・社会的背景に影響を受けるために、ある特定の概念に対しての認識のずれが、時にプロジェクト進行上で重大なリスクとなりうる。また、このようなメンバー間における認識の相違が、どの用語や概念において発生するか、ということについては予測が非常に難しい。そのため、共同研究の過程において必要となる専門用語や解釈、言葉の定義について、その都度メンバー間でどのような定義を置くべきかについて統一をはかる必要があり、またどのような用語において認識の齟齬が発生したかについてリスト化しておく必要があった。

(3) 課題の管理とスケジュール管理上の整合性

　プロジェクトの進行状況において、WBSにおけるコンテンツの「後戻り」が発生することが多々あった。すなわち、背景調査が進んでいくにつれて、中心問題やリサーチ・クエスチョンの変更や、また文献調査やスコープの見直しが必要となる場面が多かった。そのような場合、WBSやマスタースケジュールを作成する段階での各作業項目の依存関係のデザインが非常に困難である。また、プロジェクト進行中においても、課題・問題の発生ごとに、プロジェクト計画変更が多く発生する。とくに、プランニングでは、中心課題が変更になると、その後すべてのプロジェクト方針・スケジュールが変更になるという可能性が高い。そのために、プロジェクト計画・立案の段階において、十分なコンティンジェンシーを積んでおく必要がある。

第 8 章　プロジェクトとしての論文執筆 実践例　119

	実施したこと	進捗上の問題点	
Kickoff Meeting	プロジェクト定義（使用ツールの決定・進め方等）		各マイルストーンの間には、2〜3回程度のミーティングを実施
1st Milestone	ブレインストーミング　アジア開発途上国におけるメインテーマに関連した問題・関心領域についてのアイディアの共有	中心課題である「地方政府」に対しての定義が多義であり、メンバー間でのイメージの共有が困難	
2nd Milestone	研究テーマの決定「人身売買」	研究スコープを絞り込むために、関心領域の選択（研究の進め方を踏まえたうえで、最終的には多数決）	
3rd Milestone	ターゲットエリアの決定「タイ・サムットサコーン県の漁業セクターにおける人身売買問題と地方政府の役割」	「人身売買」の領域で、統計上アジアで最も深刻な状況を抱える国がタイであったために、タイを選定。メンバーそれぞれの知識が不十分	
4th Milestone	「人身売買」における主要な資料である米国「Trafficking in Person」レポートをメンバー間で輪読および共有	メンバーの知識不足と、「地方政府」「人身売買」などのキーワードに対しての認識を共有させるための対応策として行い、若干状況は改善	
5th Milestone	研究進捗・方向性の見直し	背景調査を通して、ターゲットエリアでは「魚の乱獲」という問題が根底にあり、それが「人身売買」を引き起こしていることが発覚	
6th Milestone	背景調査を行ったうえで、研究の中心課題を「魚の乱獲」に変更する	ターゲットエリアの社会状況を調査し、研究の進め方について再検討する。その結果、中心課題を「魚の乱獲」に変更することを決定することが必要となる	
7th Milestone	研究進捗に関しての中間発表	「魚の乱獲」を中心課題として中間発表を実施方向性は、このまま継続することに決定	

（出所：学生作成）

8.3　法学・政治学研究へのプロジェクトマネジメント適用の利点と課題

　以上が、学生レポートである。本レポートから、学生らが共同研究を進めるうえでプロジェクトマネジメント手法を積極的に活用したことが読み取れる。また、WBS とスケジュールをひとつの表にまとめるなど、講義で学んだことをそのまま使うのではなく、共同研究に適合した形に応用している点も興味深い。教員サイドからは、共同研究の進捗状況を把握しやすくなったという声も聞いている。このように、共同研究のメンバー同士や教員サイドとのコミュニケーション・ツールとして、プロジェクトマネジメント手法は一定の成果をあげていると考えてよいだろう。

8.3.1　利点——専門の外から社会問題をみる

　上記レポートを提供してくれた学生から次のような質問を受けた。共同研究を進めるにあたり、本来であれば関係者分析からおこなうべきところ、手順を飛ばして一気にWBSを作成したという。問題の焦点が関係者間で比較的すぐに絞り込めたためだが、その場合でも、関係者分析から順を追って検討すべきなのか、という疑問である。

　一般的な回答としては、手順は飛ばさないほうがよい。とはいえ時間が限られる中、ある程度専門分野が共通する人間同士が集まり共同研究するのであれば、不要なステップを飛ばして一気に進めたほうが効率的だろう。プロジェクトマネジメント手法の順番を気にするあまり、先に進めずプロジェクトが完了しないのでは本末転倒である。後戻りもよし、不要なステップは飛ばしてもよし、である。

　しかしながら、立ち上げプロセスにおける関係者分析と問題分析は、研究プロジェクトを進めるうえで大きな意味をもっている。それは、法律学的・政治学的に処理できる問題からあえて出発しないというステップを踏むことで、より広い視野から社会問題を見ることができる点である。結果的に特定の専門分野（本章においては、法律学・政治学）の論文を書くのであるから、一見すると不必要なステップにも思われるかもしれないが、時間に余裕がある場合にはぜひとも本ステップに力を入れてほしい。可能であれば、他分野の専門家とともに、それが難しければ、できるかぎり頭を柔軟にして自分（たち）が検討対象にしている社会が抱える問題とその要因について検討してみよう。遠回りかもしれないが、あえてこのステップを踏むことで、研究テーマに対する理解はいっそう深まるはずである。

　あまり適切な事例ではないが、学生にこの点を説明しながら思い出すことがある。博士後期課程に入ったばかりのころ、研究室の外で事務の方が昼休みに庭木の手入れをされていた。もちろんボランティアである。脚立に上り、腰を伸ばして枝を切る姿は少々あぶなっかしかった。その光景を見た知人（行政法専門）がポツリと言った。「いま怪我した場合、労災は下りるのかな。」同じ光景を見て、あなたなら何を考えるだろう。

どの研究領域にも、その研究領域独自のものの見方や考え方がある。それを身につけることがその道の専門家となる第一歩であるため、とくに修士課程においては専門的なものの見方を身につけることを第一に考えねばならない。しかしこの点を強調しすぎると、ものごとを見る視点は自分の研究領域のみ、他の視点は専門外として無視する、ということになりかねない。いわゆる専門馬鹿とは、こうした類を指す言葉ではないだろうか。関係者分析・問題分析は、「ものごとを見る視点は多様だが、すべて見通すことは不可能。ただし自分の専門領域から見れば問題を次のようにとらえることができる」という見方をしたい場合に有効である。実際の論文にはまったく反映されないプロセスかもしれないが。法学研究科の学生は一般に、本書第3章に出てきたAさんとは異なり、すでに専門領域が確定している場合が多いだろう。だからこそ、あえて別の視点に目を向けてみてはどうだろうか。

8.3.2 課題——専門的なリサーチ・クエスチョンの設定

課題は、研究テーマを決めたあと、その内容を深めるうえでプロジェクトマネジメントは役に立つのか、という点である。スケジュール管理や指導教官とのコミュニケーション・ツールとしての有用性は期待できる。しかしながら、専門的なリサーチ・クエスチョンを立てるためのツールとしてはどうだろうか。かなり疑問が残ると思われる。ある専門領域の研究論文となるよう研究計画書を作成するには、第3章で示した「研究テーマ」をさらにもう一段階進めるステップがどうしても必要である。しかしこのステップは、一般論として展開できない。

法学研究科の教員の何人かに話を聞いてみたが、同じ「法」をテーマにしながら、研究テーマの決め方も、研究論文とされる基準もさまざまであることが明らかとなった。

たとえば、公法領域（憲法や国際公法）においては解釈論が主流であり、社会問題をいかに既存の法律問題に落とし込むか（既存のどの法律にあてはめることができるか）が重要という。研究論文においては、①法律の原理原則を明らかにし、②社会問題（具体的課題）と原理原則を照らし合わせ、矛

盾を明らかにし、可能であれば③具体的に適用可能な（現実的に導きうる）解決策を示す、という順に論理を展開する。重要なのは②である。一方、民法、社会法（社会保障法、経済法、知的財産法など）領域の場合、現実と制度の結びつきを分析し、既存の法律その他の問題を検証することが主眼となる。分析対象は、法律によって定められた権利義務関係のみならず、実務（人や金）にも目を向ける。そのため、解釈論よりも立法論・政策論を展開する場合が多い。上記でいえば、③がいっそう重要とされる。現実的な制度改革にも触れるため、その場合、比較法の視点も不可欠となる。さらに法社会学の場合、社会問題のどの部分が法律に反映されているのかを、歴史、文化、宗教などあらゆる側面から分析するという。

このように、専門領域によって研究テーマの絞り込み方はさまざまである。専門的なリサーチ・クエスチョンは、プロジェクトマネジメント手法を活用することで設定できるものではない。指導教官に指導を仰ぎながら、自分で検討する他はない。

とはいえ、法学・政治学分野における研究論文の評価基準とは何かという視点は、学生のみならず、彼らに論文指導をおこなう教員側にとっても重要である。この点は、プロジェクトマネジメントの活用の幅を広げるという点からも興味深い。実のところ、同じ法学という分野でも、専攻が異なれば、研究論文の構成パターンや論証すべき対象が異なるという点は新しい発見であった。研究論文は、ある種、師匠から弟子への伝授という形で伝えられる職人芸である。そのため一概に評価基準を見つけ出すことは困難だが、その一部でも明らかにすることができれば、プロジェクトマネジメント活用の幅はさらに広がるだろう。そのような期待をもちつつ、この点は、今後の課題として検討していきたい。

資　料

論文執筆プロジェクト計画文書一式

プロジェクト・ロジックモデル

プロジェクト概要

プロジェクト名
修士論文執筆プロジェクト
論文タイトル「家庭内暴力に対する法的抑止効果
－南アジアB国における女性虐待のメカニズムとDV禁止法の影響－」

プロジェクト・ミッション・ステイトメント
20XX年3月までに、南アジアB国を事例に、女性に対する家庭内暴力を禁止する法律が効果を生まない理由を明らかにする修士論文を完成させる。これによって、家庭内暴力に関する法学研究に学問的貢献をするとともに、女性への虐待に対する法的抑止力向上という社会的貢献をする。

プロジェクト・ロジックモデル

上位目標（目的）
・家庭内暴力に関する法学研究に学問的貢献をする。
・女性への虐待に対する法的抑止力向上という社会的貢献をする。

↑

プロジェクト目標
南アジアB国において女性に対する家庭内暴力を禁止する法律が効果を生まない理由を明らかにする修士論文を完成させる。

↑

成果
1. 文献レビューが完了する。
2. 論文執筆計画ができる。
3. データ収集・分析が完了する。
4. 論文が完成する。
5. 論文審査に合格する。

↑

活動
1.1　文献を集める。
1.2　文献を読んで文献ノートを作る。
1.3　先行研究の体系図を作る。
2.1　リサーチ・クエスチョンを決める。
2.2　研究計画書を書く。
2.3　論文執筆計画を立てる。
3.1　調査計画を立てる。
3.2　B国の現地調査を実施する。
3.3　日本国内でのインタビューを実施する。
3.4　現地調査およびインタビュー結果の分析をおこなう。
4.1　先行研究レビューの章執筆。
4.2　事例分析の章執筆。
4.3　結論の章執筆。
4.4　序論執筆。
4.5　各章ごとに教授の指導を受ける。
5.1　論文発表準備。
5.2　予備審査。
5.3　論文修正。
5.4　本審査。

WBS

成果	ワーク・パッケージ		所要期間(月)	先行作業	ES	EF	LS	LF	フロート	CP
1. 文献レビュー	1.1	文献を集める	12	Start	1	12	2	13	1	
	1.2	文献を読んで文献ノートを作る	12	Start	1	12	2	13	1	
2. 研究計画	2.1	リサーチ・クエスチョンを決める	3	Start	1	3	1	3	0	✔
	2.2	研究計画書を書く	1	2.1	4	4	4	4	0	✔
	2.3	論文執筆計画を立てる	1	2.1	4	4	4	4	0	✔
3. 事例調査	3.1	調査計画を立てる	2	2.2, 2.3	5	6	5	6	0	✔
	3.2	A国の現地調査を実施する	1	3.1	7	7	8	8	1	
	3.3	関係者インタビューを実施する	2	3.1	7	8	7	8	0	✔
	3.4	現地調査・インタビュー結果分析	4	3.2, 3.3	9	12	9	12	0	✔
4. 論文執筆	4.1	先行研究レビューの章執筆	4	1.1, 1.2	13	16	14	17	1	
	4.2	事例分析の章執筆	5	3.4	13	17	13	17	0	✔
	4.3	結論の章執筆	1	4.1, 4.2	18	18	18	18	0	✔
	4.4	序章執筆	1	4.3	19	19	19	19	0	✔
5. 論文審査	5.1	論文発表	2	4.4	20	21	20	21	0	✔
	5.2	審査(予備審査、論文修正、本審査)	3	5.1	22	24	22	24	0	✔

スケジュール・バーチャート

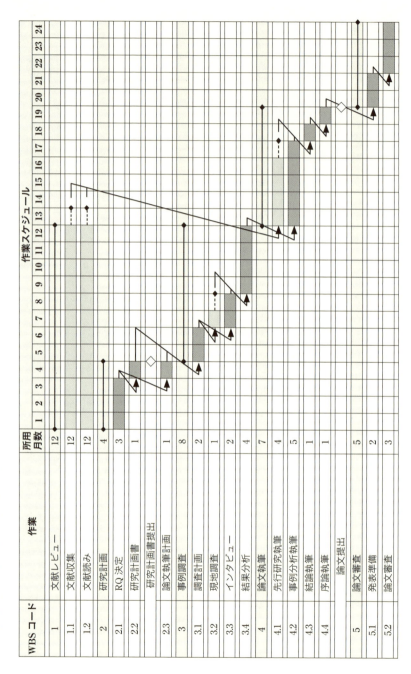

コスト見積もり

成果	ワーク・パッケージ		費用	経費(千円)
1. 文献レビュー	1.1	文献を集める	書籍ほか	50
	1.2	文献を読んで文献ノートを作る	文献管理ソフト	20
2. 研究計画	2.1	リサーチ・クエスチョンを決める		0
	2.2	研究計画書を書く		0
	2.3	論文執筆計画を立てる		0
3. 事例調査	3.1	調査計画を立てる		0
	3.2	A国の現地調査を実施する	旅費・宿泊費	200
	3.3	関係者インタビューを実施する	交通費	50
	3.4	現地調査およびインタビュー結果の分析	質的分析ソフト	40
4. 論文執筆	4.1	先行研究レビューの章執筆		0
	4.2	事例分析の章執筆		0
	4.3	結論の章執筆		0
	4.4	序章執筆		0
5. 論文審査	5.1	論文発表		0
	5.2	審査(予備審査、論文修正、本審査)		0
直接費合計				360

科目	費目	単価(千円)	数量	合計(千円)
学費	入学費	300	1回	300
	授業料	250	2年	500
住居費	敷金・礼金・仲介手数料	160	1回	160
	家賃	40	24月	960
	市民税	20	24月	480
光熱費	電気代	2	24月	48
	水道代	2	24月	48
	ガス代	1	24月	24
通信費	スマホ契約	80	1回	80
	スマホ利用料	4	24月	96
交通費	地下鉄	5	24月	120
食費	食費	50	24月	1,200
間接費合計				4,016

定性的リスク分析

発生確率		
高	■指導教員が多忙で十分な指導を受けられない	■重要な関係者がインタビューに応じてくれない ■収集したデータが想定した理論を支持しない ■類似性の高い論文が他で発表される ■円安でB国調査費が高騰する
低	■指導教員との人間関係が悪化する ■実家の収入減	■必要な文献が手に入らない ■B国関係機関がB国現地調査を許可しない ■パソコンのトラブルでデータが消える ■病気・体調不良・事故
	低　　　　　影響度　　　　　高	

リスク対応計画

リスクNo.	リスク事象	原因	プロジェクトへの影響	確率	影響	判定	予防対策	トリガー・ポイント	発生時対策
1	重要な関係者がインタビューに応じてくれない	インタビュー内容が機密事項に関わる	論証の根拠が弱まる	2	2	4(高)	・できるだけ早期のうちに依頼する。 ・電話・メールの他に、指導教官と連名の協力依頼状を送る。 ・訪問してこちらの意図および論文内容を説明し、協力してもらえる範囲・手段を相談する。	・電話・メールによるインタビュー依頼に対する回答の歯切れが悪い、あるいは明瞭に断られる。	・機密事項を含まない範囲でのインタビューを依頼する。 ・文書による質問票に代える。 ・他のインタビュー対象者を探す。
2	収集したデータが想定した理論を支持しない	データ不足	論証が成立しない	2	2	4(高)	・できるだけ早期のうちにデータ収集を開始する。 ・データ収集と並行してデータ分析を進める。	・1年目終了時点でも理論を支持するデータが集まっていない。	・足りないデータを明らかにし、データおよびその収集方法について指導教官に相談する。 ・集まっているデータから導き出される理論を新たに考える。
		理論が不適切	論証が成立しない	2	2	4(高)			

補 遺

PCM ハンドブック

本書で紹介したPCM（Project Cycle Management）の使い方は、PCM本来の使い方ではない、応用的なものであることを断っておきたい。本来のPCMは、その名のとおり、プロジェクトのPDCAサイクル全体を一貫性をもって運営管理するプロジェクトマネジメント手法である。その立ち上げプロセスは、関係者分析と問題分析をおこなって問題を明らかにし、"その問題を解決するための"プロジェクトのロジックモデルを組み立てるという手順になっている。しかし本書では、関係者分析と問題分析は研究テーマを絞り込むためにおこない、そのあと、"論文を執筆するための"プロジェクトのロジックモデルを組み立てた。したがって、プロジェクトは、論文執筆プロジェクトである。そういう意味でPCM本来の使い方ではない。また、本書で紹介したプロジェクト・ロジックモデルは、プロジェクトの諸目標を階層化して示している点ではPCMのPDM（Project Design Matrix）と同じだが、PDMよりもずっと簡略化されている。

　そこで、本来のPCMの流れを示すために、次ページ以降に「PCMハンドブック」を添付する。これによって、PCM本来の考え方と進め方を理解いただけると思う。同ハンドブックは、NPO法人PCM Tokyoの研修用テキストとして作成したもので、日本語版と英語版のPDFファイルをWebサイトで公開している。次ページ以降にはPDF版をそのままの形で添付する。ファイルをご希望の方は、下記サイトの「PCMライブラリー」から無料でダウンロードできるので、ぜひ活用していただきたい。なお、同ハンドブックはPCMの簡易版テキストとして作成したので、細かい説明は省略してある。PCMを詳しくお知りになりたい方には、かゆいところに手が届くテキストとして、『グローバル人材に贈るプロジェクトマネジメント』（関西学院大学出版会、2013年）をお勧めする。

PCM Tokyoサイト：http://www.pcmtokyo.org/

PCM

Project Cycle Management

PCM ハンドブック

2015 年 8 月

NPO 法人 PCM Tokyo

PCM ハンドブック
第 1 版 2004 年 6 月
第 2 版 2015 年 8 月
作 成　大迫正弘
連絡先　NPO 法人 PCM Tokyo
　　　　URL:　http://www.pcmtokyo.org/
　　　　E mail: info@pcmtokyo.org

本ハンドブックの複写、複製はご自由にどうぞ。
変更・修正を加えて使用される際は、「NPO 法人 PCM Tokyo」の名称を削除してください。

はじめに

　本ハンドブックは、プロジェクト・マネジメントに関心を持つ人々を対象に、PCM（プロジェクト・サイクル・マネジメント）手法を紹介することを目的として作成されたものです。

　PCM 手法は、現状における問題を特定し、問題の原因を分析し、解決策を探り、その実行計画をプロジェクトとして形成するという、問題解決型の戦略的なアプローチをとるプロジェクト・マネジメント手法です。ODA（政府開発援助）や NGO などによる国際協力の分野では、この 10 年以上、広く一般的に用いられ、地域における問題から、組織内部の問題まで、およそあらゆる状況において活用されてきました。また、PCM 手法はきわめて視覚的な手法であるため、コミュニケーション・ツールやプレゼンテーション・ツールとしても優れており、複雑なプロジェクトの構成を一目で理解させるための手段としても用いられています。さらには、視覚的な手法という特徴をいかして、関係者が一堂に会してプロジェクトを計画する、参加型計画手法としても認知度の高いものです。
　このように多くの優れた面をもつ PCM 手法が、国際協力分野だけでなく、広くプロジェクト・マネジメントの世界で活用されることを願って、本ハンドブックは作成されました。

　本ハンドブックは、簡潔明瞭をむねとする小冊子ですが、必要最小限の情報は網羅しましたので、一読すれば PCM 手法の要点は理解できるようになっています。本ハンドブックが、プロジェクト・マネジメントにたずさわる人々に読まれ、利用され、プロジェクトの成功に、ひいてはプロジェクトが目指すところの問題解決に、少しでも貢献することを願うものです。

　本ハンドブックで紹介した、PCM 手法およびプロジェクト・マネジメントに関する基本概念、ならびに本文中のいくつかの具体的な記述は、以下の文献に負うものです。これらの文献は、PCM 手法およびプロジェクト・マネジメントに関する知識をさらに深めるための参考図書としても非常に有用なものですので、一読をお勧めします。

- 一般財団法人国際開発機構(FASID) 2007.3『PCM 開発援助のためのプロジェクト・サイクル・マネジメント 参加型計画編』FASID
- 一般財団法人国際開発機構(FASID) 2009.3『PCM 開発援助のためのプロジェクト・サイクル・マネジメント モニタリング・評価編』FASID
- Team Technologies Inc., 2000, *The Project Cycle Management Resource Guide 2000*, Team Technologies Inc.
- プロジェクトマネジメント協会(PMI®) 2013『プロジェクトマネジメント知識体系ガイド（PMBOK® ガイド）第 5 版』プロジェクトマネジメント協会(PMI®)

2015 年 8 月
大迫 正弘

目　次

1. PCM 手法とは 1
2. PCM 手法の特長 2
3. PCM ワークショップ 3
4. PCM モデレーター 4
5. PCM 手法の主要ステップ 5
6. 関係者分析 7
7. 問題分析 8
8. 目的分析 9
9. プロジェクトの選択 10
10. PDM 11
11. 活動計画表 15
12. モニタリング 16
13. 評　価 17
    索引 18

1. PCM 手法とは？

PCM（プロジェクト・サイクル・マネジメント）手法とは、計画、実施、評価の三つのプロセスからなるプロジェクトのライフ・サイクルを、PDM（プロジェクト・デザイン・マトリックス）と呼ばれるプロジェクト概要表をもちいて運営管理する手法である。PDM は、プロジェクトの概念図（コンセプト・ペーパー）、あるいはプロジェクトの概要を示す一枚紙（ワン・ページ・サマリー）という名前でも呼ばれるように、プロジェクトの概念的構成を一枚の表にまとめたものである。

プロジェクトは、独自な成果を生み出すための有期の業務と定義される。"独自"は英語ではユニーク。つまり、唯一の、前例がない、ということ。したがって、プロジェクトはこれまでに生み出したことのないユニークな製品や財やサービスを生み出す業務である。"有期"とは期間に定めがあるということ。したがって、プロジェクトには明確な始まりと終わりがある。まとめると、プロジェクトとは、「前例のない独自な製品や財やサービスを定められたある一定期間内に創造する業務」ということになる。

PCM 手法はプロジェクトを問題解決のための手段ととらえている。現状になんらかの問題があり、そのためにそれに関わる人々に望ましくない状況が起こっている。そこで、一定の期間内にその問題を解決し、より望ましい状態をもたらすための手段として、プロジェクトは計画され実行されるのである。したがって、問題解決を目的としないプロジェクトに PCM 手法を適用する場合は、目的を問題のかたちに置き換えるなどの工夫が必要となる。

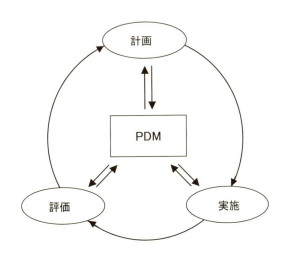

1

2. PCM手法の特長

● 一貫性

プロジェクト・サイクルの全体が一枚の概要表、すなわちPDM(プロジェクト・デザイン・マトリックス)によって運営管理されることから、プロジェクト運営管理上の一貫性がたもたれる。具体的には、計画段階では、プロジェクトの目的や戦略がPDMの様式にもとづいて計画され、実施段階では、PDMをもとに作成された詳細な活動計画にもとづいてプロジェクトが実施され、評価段階では、PDMに示されたプロジェクトの目的や成果の達成度が評価される。このようにして、PDMがプロジェクト・サイクルの全工程にわたって運営管理の中心的役割りをはたすことにより、プロジェクトの運営管理の一貫性がたもたれる。

● 参加型

PCM手法を用いたプロジェクト・マネジメントでは、通常、さまざまなプロジェクト関係者(ステークホルダー)が参加するワークショップをつうじて、プロジェクトの運営管理がなされる。これは、立場の異なる人々の視点をひろく取り入れることにより、衝突や軋轢、プロジェクトによる否定的な影響などを議論の場に引き出し、積極的に解決することを意図したものである。

● 論理性

PCM手法の分析段階、とくに問題分析および目的分析の段階では、「原因－結果」および「手段－目的」といった因果関係にもとづいて現状が分析される。また、PDMは、プロジェクトによる目標達成のプロセスを「if-and-then」の論理のつみあげとして表現している。このように、論理性は、PCM手法の基本原理となっている。

● 説明責任と透明性

上記3種の特長が統合されてもたらされる効果として、説明責任(アカウンタビリティ)および透明性といった社会的責任の履行があげられる。たんなる情報公開だけでは説明責任や透明性を満足させたことにはならず、その情報の内容が一貫していることや論理的であることが要求されるということである。

- 一貫性 - 参加型 - 論理性		- 説明責任 - 透明性

3. PCM ワークショップ

参加型の効果を最大限に発揮するために、さまざまなプロジェクト関係者（ステークホルダー）がPCM ワークショップに参加することがもとめられる。ここでいうプロジェクト関係者とは、プロジェクトの計画者、実施者、意思決定者（母体組織の責任者）、出資者、ならびにプロジェクトによる受益者、顧客、プロジェクトにより何らかの影響を受ける人々などである。

PCM ワークショップにおける協議は、「合意（コンセンサス）」を得ることによって進行される。多数決は少数意見を切り捨てる手法であるため、PCM ワークショップではもちいない。

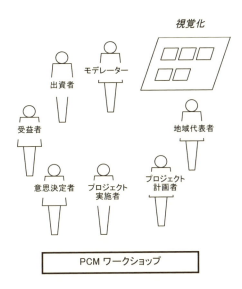

PCM ワークショップのルール[1]
1. 自分の考えを自分でカードに書く。
2. 一枚のカードにはひとつのアイデアを書く。
3. 具体的な内容を書く。
4. 簡潔な文章で表現する。
5. 事実を書き、抽象論や一般論は避ける。
6. 議論の前にまずカードを書く。
7. カードをボードから取り除くときは、コンセンサスを得る。
8. 誰が書いたカードかは問わない。

---
[1] FASID 2007 年『PCM 開発援助のためのプロジェクト・サイクル・マネジメント 参加型計画編』

4. モデレーター

ワークショップ参加者が議論をつうじてプロジェクト・マネジメントという困難な仕事に十分に貢献できる環境をつくるためには、モデレーターと呼ばれる PCM 手法の専門家がワークショップの進行役をつとめることが望ましい。

モデレーターは議論をリードするものではなく、議論の整理・進行役であり、議論をとおした学びのプロセスや意思決定プロセスの触媒役である。 モデレーターには以下のような役割りと資質がもとめられる。[2]

(1) ワークショップ作業のためのルールを提供する。 あるいは、ワークショップ参加者がルールを作る手助けをする。
(2) ワークショップ参加者がみずからワークショップの舵取りをできるように手助けをする。
(3) 具体的な作業をわかりやすく指示することにより、ワークショップ作業を効果的・効率的に進行させる。
(4) 参加者がワークショップのなかで遭遇するであろう困難を予見し、適切で具体的な指示を与えることによって、その困難を解消する。
(5) ワークショップ参加者と、議論の内容に関する見識や能力を競わない。
(6) ワークショップという場がうみだす創造的なエネルギーを引き出し、醸成する。
(7) ワークショップにおける快適な環境を確保、維持する。
(8) その場の雰囲気や参加者の気分を読み取り、必要に応じて、熟考、再考をうながす。
(9) ワークショップ参加者をしばしば賞賛し、彼らが建設的なフィードバックを行なうようにうながす。
(10) 潜在的な意見の対立や軋轢を、建設的な議論の場へと引き出す。
(11) 外部者を議論や作業に引き込むための仲介役となる。 ただし慎重に。
(12) つねに中立の立場をたもつ。

---

[2] GTZ, 1990, *Moderation Course: Objective Oriented Project Planning (ZOPP)* をもとに作成。

5. PCM手法の主要ステップ

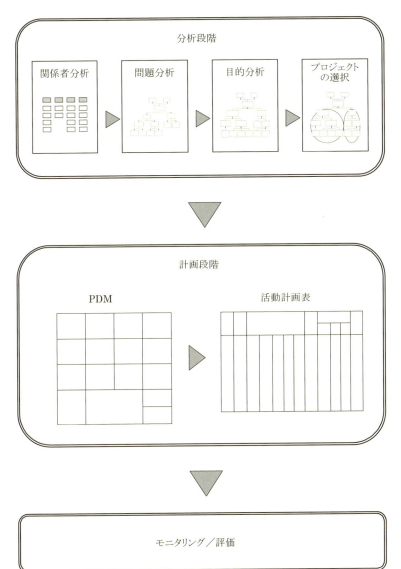

ステップ 1：関係者分析
「誰がどのようにプロジェクトに関わるか？」
関係者分析は、どのようなプロジェクト関係者（ステークホルダー）がどのようにプロジェクトに関わるかを分析する作業である。ここでは、ステークホルダーの識別、彼らがプロジェクトにおいて果たす役割、プロジェクトに与える影響、プロジェクトから受ける影響などが分析される。

ステップ 2：問題分析
「何が問題か？」
問題分析は、現状における問題を「原因－結果」の関係で整理し、わかりやすいように樹形図（問題系図）にまとめる作業である。

ステップ 3：目的分析
「問題が解決された状態はどのようなものか？」
目的分析は、問題が解決された将来の望ましい状態と、その状態にみちびくための手段と目的の関係を、わかりやすいように樹形図（目的系図）にまとめる作業である。

ステップ 4：プロジェクトの選択
「最適なプロジェクト案はどれか？」
プロジェクトの選択は、複数のプロジェクト案を識別し、それらを相互に比較することによって、実行プロジェクト案を採択する作業である。

ステップ 5：PDM
「プロジェクトの概要表」
PDM（プロジェクト・デザイン・マトリックス）は、プロジェクト計画の概念的構成をしめす概要表である。プロジェクトの目標、成果、活動、投入、リスクなどの情報が4×4のマトリックスに記載される。マトリックスは目標達成のプロセスを、「もし〜をすれば、...になるだろう」という仮説のつらなり、すなわち「if-and-then」の論理のつみあげとして表現する。

ステップ 6：活動計画表
「詳細な活動計画」
活動計画表は、活動、スケジュール、責任者、投入、予算などを記載した、プロジェクト実施のための詳細な活動計画である。

ステップ 7：モニタリング
「軌道修正のために進捗状況を把握する」
モニタリングは、プロジェクトの進捗状況を把握するために継続的・定期的に情報収集をおこない、その結果を分析し、必要に応じてプロジェクトの軌道修正に反映させる作業である。

ステップ 8：評価
「プロジェクトによる現状の改善効果を評価する」
評価は、プロジェクトを実施したことによりもたらされた現状の改善効果、およびその他のインパクトを測定し、計画目標値と比較して評価する作業である。その結果は、当該プロジェクトのための提言と、将来のプロジェクトのための教訓として役立てられる。

補遺　PCMハンドブック　141

6. 関係者分析

関係者分析は、どのようなプロジェクト関係者（ステークホルダー）がどのようにプロジェクトに関わるかを分析する作業である。ここでは、ステークホルダーの識別、彼らがプロジェクトにおいて果たす役割、プロジェクトに与える影響、プロジェクトから受ける影響などが分析される。

ステークホルダーとは、プロジェクトの実施に関与しているか、プロジェクトの実施あるいは実施の結果にプラスまたはマイナスの影響を受ける、あるいは影響をあたえるような、個人や組織をいう。

関係者分析の方法
1. プロジェクト関係者（ステークホルダー）をすべて書き出す。
2. 書き出された関係者を類別する。（実施者、意思決定者、協力者、出資者、受益者、顧客等）
3. 類別された関係者グループのなかから、重要と思われる関係者を選ぶ。
4. 選ばれた関係者を詳細に分析する。（基本情報、問題／弱み、可能性／強み、解決策案等）*
5. ターゲット・グループ** を仮決めする。
---

* 詳細な分析では、グループに関する基礎情報（規模、メンバー構成、組織体制、社会文化的特徴、経済的側面、技術力など）、そのグループが抱えている問題や弱み、潜在的に持っている可能性や強み、ニーズや期待、になっている機能、権限、抱えている問題をプロジェクトがどのように解決するか（解決策案）などの分析項目を設定し、詳細に分析する。

** ターゲット・グループとは、プロジェクトの実施により正の効果をもたらすことを意図する主たるグループ、機関、組織のこと。ターゲット・グループを設定した場合、プロジェクトはそのグループにとっての問題を解決するために実施される。

関係者分析の例

関係者	基本情報	問題／弱み	可能性／強み	解決策案
稲作農民	人口 2700人 7人家族／1世帯 3.5労働人／1世帯 水田 0.3ha／1世帯 伝統農法 農民組織に属していない …	米の収穫高が低い 米の品質が悪い 卸売り売価が安い 灌漑施設が不十分 農道から遠い 組織化されていない …	水源（川）がある 出稼ぎが比較的少ない 隣村に稲作研究所ができた 全国的に米の消費量は増えている …	灌漑施設の改修、増設 水利組合の結成 稲作研修の実施 他の村への見学ツアー 女性の組織化
農業協同組合	組合員数 4200人 普及員数 130人 組織率 63% 小規模ビジネスの導入に熱心 …	資金不足 組合費の滞納が多い 組織率が低下している …	域内に稲作研究所ができた 普及員は新しい品種の導入に抵抗がない …	稲作研究所との連携強化 普及員研修の実施 農協加入キャンペーンの実施 …

7. 問題分析

問題分析は、現状における問題を「原因－結果」の関係で整理し、わかりやすいように樹形図（問題系図）にまとめる作業である。問題系図では、原因となる問題を下に、その結果として生じている問題を上に配置する。系図にしめされたひとつの問題は、上位の問題をひきおこす原因でもあり、同時に、下位の問題によって引き起こされた結果でもある。

問題分析の方法
1. 現状における主要な問題を列挙する。
2. 中心問題＊を決める。
3. 中心問題の直接的な原因となっている問題を、中心問題の一段下のレベルに並列に配置する。
4. 中心問題が直接的な原因となって引き起こされている問題（結果）を、中心問題の一段上のレベルに並列に配置する。
5. 問題を原因－結果の関係で整理しながら、系図を上下に発展させる。

＊ 中心問題は、問題系図作成の出発点となる問題である。分析したい問題が、すべてこの中心問題の原因あるいは結果として系図のどこかに位置づけられなければならない。中心問題のレベルを高く設定すると分析範囲はひろくなり、低く設定すると分析範囲はせまくなる。分析したい範囲がもれなくむだなくカバーされるような中心問題を設定する必要がある。

問題分析の例

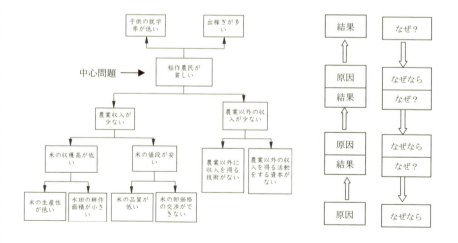

8. 目的分析

目的分析は、問題が解決された将来の望ましい状態と、その状態にみちびくための手段と目的の関係を、わかりやすいように樹形図（目的系図）にまとめる作業である。 先の問題系図にあらわされた望ましくない状態を、問題が解決された望ましい状態に書き換え、さらに、その状態にみちびくための具体的な手段を考える。

目的系図では、問題が解決された望ましい状態（目的）を上に、その状態を達成するための手段を下に配置する。 系図にしめされたひとつの目的は、上位の目的をみちびくための手段でもあり、同時に、下位の手段によってみちびかれる目的でもある。 いいかえると、目的系図の上下の関係は、もし（if）下位の手段が達成されれば、それによって（then）上位の目的が達成されるという、「if-then」の関係にある。

目的分析の方法
1. 問題系図にしめされた望ましくない状態を、問題が解決された望ましい状態に書き換える。
   書き換えるさいには、それが真に望ましい状態か、実現可能か、必要十分かを確認する。
2. 必要に応じて、目的を変更する、さらなる手段を追加する、不要な目的を削除するなどの修正を加える。
3. 出来上がった目的系図の手段－目的の関係を再度、確認する。

目的分析の例

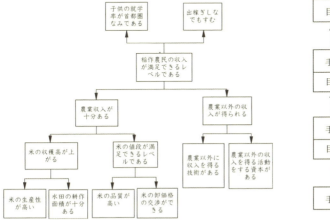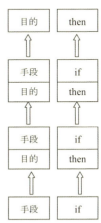

9. プロジェクトの選択

プロジェクトの選択は、複数のプロジェクト案を識別し、それらを比較することによって、実行プロジェクト案を採択する作業である。 目的系図をみると、いくつかの手段－目的の枝葉が階層構造をもったグループを形成し、プロジェクトの原型をなしている。 プロジェクトの選択は、これらのグループを線で囲むことから始める。

プロジェクトの選択の方法
1. 目的系図のなかで、プロジェクトの原型を構成している枝葉を確認し、線で囲む。
2. 線で囲ったグループそれぞれに関して、それらが目指す目的と戦略を確認する。
3. プロジェクトの代替案として不適切なもの、実施が困難と考えられるものを、比較の対象から除外する。
4. 残った代替案を比較するための選択基準＊を選ぶ。
5. 選択基準をもちいて、代替案を比較検討する。
6. プロジェクトとして採択する代替案を決める。

---

*　選択基準の例
- ・ターゲット・グループの規模等
- ・必要な資源(リソース)
- ・技術的難易度
- ・評価5項目[3]
- ・受益者／顧客のニーズ
- ・費用
- ・目的達成可能性
- ・予想される負の影響
- ・政策的／経営的優先度
- ・費用便益比
- ・リスク
- ・その他

プロジェクトの選択の例

代替案を線で囲む

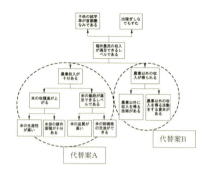

代替案を比較検討する

	代替案A	代替案B
ターゲット・グループ (TG)	稲作農民 2700人	稲作農民の一部 約1500人
TGのニーズ	非常に高い	高い
政策的優先度	非常に高い	高い
必要な資源	稲の新品種 普及員 灌漑施設	資本金 小規模事業指導員
費用	大きい	中くらい
費用便益比	大きい	中くらい
技術的難易度	中くらい	中くらい
目的達成可能性	高い	中くらい
リスク	中くらい	中くらい

---
[3] 「13. 評価」p.17 参照。

10. PDM

PDM（プロジェクト・デザイン・マトリックス）は、プロジェクト計画の概念的構成を一枚の表にまとめた概要表である。プロジェクトの目標、成果、活動、投入、リスクなどの情報が4×4のマトリックスに記載される。これら16の欄は相互に関連しているため、ひとつの欄の内容の変更は、通常、他の欄の内容の変更につながる。

PDM

プロジェクトの要約	指標	入手手段	外部条件
上位目標 プロジェクト目標が達成されたことによりもたらされる、より上位、より長期の問題改善効果。 プロジェクトのインパクト。	上位目標の達成目標値をしめす指標。	上位目標の指標の情報源。	
プロジェクト目標 プロジェクト終了時までに達成されることが期待される、プロジェクトの直接目標。ターゲット・グループへの便益、受益者の行動変容、システムや組織の業績改善など。	プロジェクト目標の達成目標値をしめす指標。	プロジェクト目標の指標の情報源。	上位目標を達成するために必要な外部条件。 プロジェクト目標と上位目標をつなぐ外部条件。 上位目標の達成に関するリスク。
成果 プロジェクト目標を達成するために、プロジェクトの活動によってもたらされる中間目標。 プロジェクトの戦略。	成果の達成目標値をしめす指標。	成果の指標の情報源。	プロジェクト目標を達成するために必要な外部条件。 成果とプロジェクト目標をつなぐ外部条件。 プロジェクト目標の達成に関するリスク。
活動 成果を達成するためにプロジェクトがおこなうおもな活動。	**投入** 活動をおこなうために必要な人材、機材、資金などといった資源。		成果を達成するために必要な外部条件。 活動と成果をつなぐ外部条件。 成果の達成、および効率性に関するリスク。
			前提条件 プロジェクトを、あるいは活動を、開始するために必要な前提条件。 活動の実施に関するリスク。

- プロジェクトの要約

プロジェクトが有する複数の目標を階層別に表示した列。プロジェクトのインパクトをしめす「上位目標」、プロジェクトの直接目標をしめす「プロジェクト目標」、プロジェクトの戦略をしめす「成果」、主要な活動をしめす「活動」からなる。プロジェクトの選択で採択された目的系図の「手段－目的」の構成をそのまま移行し、さらに追加、削除等の修正をくわえて作成する。

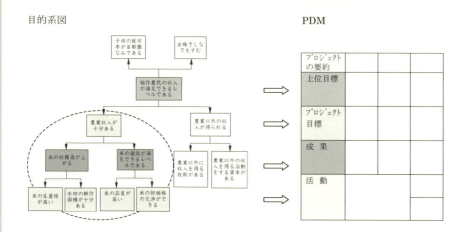

- 指　標

「プロジェクトの要約」に記載された各目標がめざす目標値。各目標の定義でもある。指標は具体的で、客観的に検証可能でなければならない。そのためには、指標に以下の要素をもれなく盛り込むことが望ましい。

- 代替指標（Proxy Indicator）

代替指標は、目標の達成度合いを直接測定することが難しい場合にもちいられる間接指標。たとえば、開発途上国の農村の収入の向上を直接調査することが難しい場合、収入の向上を

指標にするのではなく、自転車やテレビを新たに購入した世帯の数や、わらぶき屋根からトタン屋根に変わった家の数などを、それにかわる代替指標とする。

● 入手手段

指標を検証するための情報の入手手段。プロジェクトの内外で作成された統計資料、調査記録、報告書など。どこのどういうタイトルの資料かを明記する。必要な情報が存在しない場合は、プロジェクトがデータを収集・加工しなければならない。その場合は、データ収集と加工をプロジェクトの「活動」として PDM に明確に位置づける必要がある。データの収集・加工には、相当の時間、コスト、労力がかかるからである。

● 外部条件

外部条件とは、1) プロジェクトの成功のために必要だが、2) プロジェクトではコントロールできず、3) 満たされるかどうか不確かな条件をいう。PDM の「プロジェクトの要約」の列に記されたある目標が達成されたうえで、さらにその上位の目標が達成されるために必要な条件のこと。

外部条件が満たされなかった場合、プロジェクトの成功がおびやかされることになるため、外部条件はプロジェクトにとっての外部リスクである。したがって、プロジェクト実施中は、外部条件が満たされるかどうかをつねにモニタリングしている必要がある。

「プロジェクトの要約」の列にしめされる諸目標は、「if-then」の論理で構成された目的系図からみちびかれたものであるため、目的系図と同じ「if-then」の論理を構成している。そこに、下位と上位の目標をつなぐために必要な外部条件を加えることにより、PDM の論理は、「if-then」の論理から、「if-and-then」の論理へと拡大される。

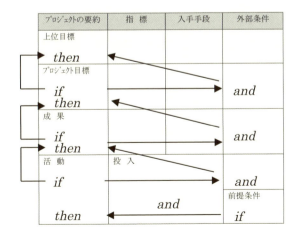

- 投入

活動をおこなうために必要な資源(リソース)。 人員、機器、資材、資金など。

- 前提条件

プロジェクト開始の前提となる条件。 この条件が満たされなければ、プロジェクトは開始できない。

- プログラムとプロジェクト

プログラムとは、高度に複雑な問題に対処するため、あるいはより高いレベルの目標を達成するために、複数のプロジェクトを有機的に組み合わせて実施する事業である。つまり、プログラムは複数のプロジェクトのグループであり、複数のプロジェクトを調和の取れた方法でマネジメントすることにより、個々のプロジェクトでは達成できないより高次の目的をめざすことが推奨される。そして、このプログラムにおいても、PCM 手法は有効なマネジメント・ツールとなりうる。

下図にみるように、プログラムとそれに内包される複数のプロジェクトはひとつの目的系図からみちびかれ、ともに同じ高次の目標を共有している。 それぞれのプロジェクトのプロジェクト目標は、プログラムの成果の一つひとつであり、プロジェクトの上位目標はすべて共通で、それはプログラムのプログラム目標である。 このように、レベルの異なる複数の PDM を活用することにより、プログラムを運営管理していくことが可能となる。

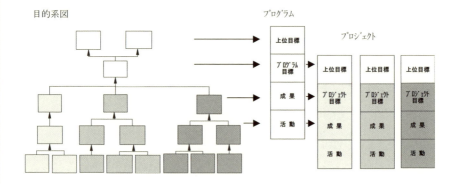

補遺　PCM ハンドブック　　149

11. 活動計画表

活動計画表は、活動、スケジュール、責任者、投入、予算などを記載した、プロジェクト実施のための詳細な活動計画である。PDM にはおもな活動のみが記載されるため、PDM だけで活動を実施管理していくことはできない。そのため、活動をより管理しやすい成果物の単位にまで分解し、個々の成果物に関する活動計画をたてる。

- 活動　　　　　　：PDM に記載された活動、および分解された成果物。
- 期待される結果　：活動の指標（目標値）、あるいは中間指標*。
- スケジュール　　：活動の実施時期をしめすバーチャート。
- 責任者　　　　　：活動の監督責任者。
- 活動実施者　　　：活動を直接実施する個人およびチーム。
- 資機材　　　　　：活動をおこなうために必要な資機材、およびその調達スケジュール。
- 経費　　　　　　：活動をおこなうために必要な経費。

*中間指標（Process Indicator）

　　　1年目　　2年目　　3年目

中間指標は、最終目標にいたるまでの、中間時点の目標値をしめす指標。

活動計画表の例

活動	期待される結果	スケジュール '16　　'17　4　7　10　1　4	責任者	活動実施者	資機材	経費	備考
1-1 農業普及員が、有効土地利用に関する稲作農民対象の研修を実施する。	1-1 200人の農民が研修に参加する		土壌専門家 Mr. X	農業普及員	手鍬（くわ）手鋤（すき）（04.03までに購入）	手鍬 @R25,00 手鋤 @R26,00 トラクターレンタル @R1300,00	
1-2 雨裂浸食による土壌流出をせき止めるための堰をつくる。	1-2 延長4kmの堰がつくられる。		土質専門家 Ms. Y	農業普及員 農民	手鍬（くわ）手鋤（すき）（04.03までに購入）		
1-3 ……	1-3 ……						

15

12. モニタリング

モニタリングは、プロジェクトの進捗状況を把握するために継続的・定期的に情報収集をおこない、その結果を分析し、必要に応じてプロジェクトの軌道修正に反映させる作業である。適宜、適切な軌道修正をおこなうためには、PDM に記載された指標だけではなく、中間指標やマイルストーン*の達成状況も把握する必要がある。また、プロジェクトへの負の影響を回避するために、外部条件やリスクもモニターする。

モニタリングを適切におこなうためには、情報の収集、分析、判断、フィードバックといった機能がモニタリングに組み込まれている必要がある。下記にしめすモニタリング・システムは、それらの機能からなるモニタリング実施体制を確立し、実施していくためのツールである。

* マイルストーン：プロジェクトの重要な節目のこと。通常、フェーズの完了や主要な要素成果物の完了を指す。

モニタリング・システムの例

プロジェクトの要約	指標	入手手段	データ収集		集約			判断・決定		判断・決定者からの伝達	
			収集者	時期頻度	収集方法	集約者	時期頻度	集約方法	判断決定者	時期頻度	時期	伝達方法
目標 稲作の農民の収入が向上する	2021年までに、XX地区の稲作農民の70％が、2016年に比較して40％以上の収入増加になっている。	農業協同組合による農村収入調査 プロジェクトによる裏づけ調査	プロジェクト調整員 農業普及員	6ヵ月毎 6ヶ月毎	農協の農村収入調査 サンプリング調査	プロジェクト調整員が集約	6ヶ月毎	集計表にまとめ、プロジェクトマネジャーに提出。	プロジェクト合同運営委員会	6ヶ月毎	6ヶ月毎の合同運営委員会の終了後	合同運営委員会後の最初のプロジェクト定例会議にて口頭伝達
成果 1 米の収穫高が増加している。	2020年までに、XX地区の稲作農民のAクラス米の収穫高が、2015年に比較して50％以上、増加している。	農業協同組合による稲作収穫高調査 プロジェクトによる裏づけ調査	プロジェクト調整員 農業普及員	6ヶ月毎 6ヶ月毎	農協の稲作収穫高記録参照 サンプリング調査	営農専門家	6ヶ月毎		プロジェクト合同運営委員会	6ヶ月毎	6ヶ月毎の合同運営委員会の終了後	合同運営委員会後の最初のプロジェクト定例会議にて口頭伝達

13. 評 価

評価は、プロジェクトを実施したことによりもたらされた現状の改善効果、およびその他のインパクトを測定し、計画目標値と比較して評価する作業である。その結果は、当該プロジェクトのための提言と、将来のプロジェクトのための教訓として役立てられる。

PCM手法による評価では、目標値と実績値の比較をするさいの視点として、評価5項目をもちいている。評価5項目とは、経済協力開発機構（OECD）の開発援助委員会（DAC）が提唱する、開発援助事業の評価基準であり、妥当性、有効性、効率性、インパクト、自立発展性の5つの項目からなる。評価5項目とPDMの関係は下図にしめすとおりである。

	妥当性	有効性	効率性	インパクト	自立発展性
上位目標	プロジェクト目標、上位目標は、地域のニーズや政府の開発計画などに照らして、評価時においても目標として意味があるか。			プロジェクトを実施したことにより、どのような直接的、間接的な正、負の影響が現れたか。	プロジェクト終了後も、プロジェクトがもたらした便益は持続されるか。
プロジェクト目標		プロジェクト目標は達成されたか。成果がその達成にどれだけ貢献したか。			
成 果			投入が成果にどれだけ効率的に転換されたか。より効率的に成果が達成される方法は他になかったか。		
投 入					

索 引

一貫性	2
if-and-then	2, 6, 13
if-then	9, 13
インパクト	6, 11, 12, 17
開発援助委員会(DAC)	17
外部条件	11, 13, 16
活動	6, 11, 12, 13, 14, 15
活動計画表	5, 6, 15
活動実施者	15
関係者分析	5, 6, 7
期待される結果	15
教訓	6, 17
計画	1
計画段階	2, 5
経済協力開発機構(OECD)	17
経費	15
原因-結果	2, 6, 8
合意(コンセンサス)	3
効率性	11, 17
参加型	2, 3
資機材	15
資源	10, 11, 14
実施	1
実施段階	2
指標	11, 12, 13, 15, 16
樹形図	6, 8, 9
手段-目的	2, 9, 10, 12
上位目標	11, 12, 13, 14, 17
自立発展性	17
スケジュール	6, 15
ステークホルダー	2, 3, 6, 7
成果	2, 6, 11, 12, 13, 14, 17
責任者	3, 6, 15
説明責任	2
選択基準	10
前提条件	11, 13, 14
ターゲット・グループ	7, 10, 11
プロジェクトの選択	5, 6, 10, 12
代替指標	12, 13
多数決	3
妥当性	17
中間指標	15, 16
中心問題	8
提言	6, 17
投入	6, 11, 13, 14, 15, 17
透明性	2
入手手段	11, 13
バーチャート	15
PCM 手法	1, 2, 4, 5, 14, 17
PDM	1, 2, 5, 6, 11, 12, 13, 14, 15, 16, 17
評価	1, 2, 5, 6, 17
評価5項目	10, 17
評価段階	2
プログラム	14
プロジェクト関係者	2, 3, 6, 7
プロジェクトの要約	11, 12, 13
プロジェクト目標	11, 12, 13, 14, 17
分析段階	2, 5
マイルストーン	16
目的系図	6, 9, 10, 12, 13, 14
目的分析	2, 5, 6, 9
モデレーター	3, 4
モニタリング	5, 6, 13, 16
モニタリング・システム	16
問題系図	6, 8, 9
問題分析	2, 5, 6, 8
有効性	17
リスク	6, 10, 11, 13, 16
論理性	2
ワークショップ	2, 3, 4

こんなことはありませんか？

・2、3時間でとりあえず PCM 手法の概要を知りたい。
・経営改善に、職場の問題解決に、PCM 手法を使ってみたい。
・PCM 手法やロジカル・シンキングの社内研修を実施したい。
・PCM 手法と PMBOK®をくみあわせて使ってみたい。

どうぞ、NPO 法人 PCM Tokyo にご連絡ください。
URL　　：　http://www.pcmtokyo.org/
E mail　：　info@pcmtokyo.org

NPO 法人 PCM Tokyo は、PCM 手法を中心とした様々なツールを通して、地域や組織の人々の参画と協働をうながし、人々の思いを形にすることを目指して設立された、特定非営利活動法人（NPO 法人）です。

2015 年 8 月

みんなの「思い」をひとつの「形」に

あ と が き

　本書を最後まで読んでくださった皆さん、ありがとうございます。この本の企画をいただいた際、喜びと同時に大きな不安がありました。思い返せば、自分自身の修士論文、博士論文執筆は、まったくといっていいほど計画どおりに事が運びませんでした。修士論文の構想を考える際に、一度だけPCM手法の問題分析を試したことがありますが、美しい問題系図ができあがっただけで、修士論文に活用することはできませんでした。博士論文でも試しましたが、今度は問題系図を作ることさえできませんでした。そんな自分に何が書けるのか、非常に悩ましいところでした。

　しかし、リーディング大学院において博士前期・後期課程1年生に向けたプロジェクトマネジメント講義をイメージする際、当時の失敗が役に立つことに気づきました。その当時足りなかったもの、それは、ロジックモデルを作成する道具としてしかPCMをとらえていなかったことです。本書でいう「立ち上げプロセス」で終了しているわけですから、論文執筆に使えないのは当たり前です。本書が、PCMとPMBOK®を組み合わせた理由はそこにあります。

　「プロジェクトマネジメント」がカリキュラムに組み込まれて3年。PCM + PMBOK® という形での講義は、2014年度がはじめてです。そのため、これを活用して博士論文を完成させた学生はまだいません。本書が少しでも、修士論文・博士論文作成の役に立つことを願うばかりです。法学・政治学研究とプロジェクトマネジメントが結びついた結果何が生まれるのか、楽しみでなりません。

　本書を執筆するにあたっては、ほんとうに多くの方々にお世話になりました。リーディング大学院プログラムの同僚である伊藤弘子先生には、本書の事例をまとめるうえでさまざまなアイディアと情報を提供していただきました。また一人ひとりの名前はあげられませんが、2014年度プロジェクトマネジメント講義を受講した皆さん、とくにリーディング大学院博士後期課程の大学院生である高橋麻奈さんは、第8章の「学生からの視点」レポートの

取りまとめを一手に引き受けてくれました。さらに、法学・政治学研究への適用可能性については、リーディング大学院プログラム・コーディネーターの松浦好治先生、法学研究科の中野妙子先生、山本哲史先生、同大学国際開発研究科の島田弦先生はじめ、多くの先生方からご助言をいただきました。また、大迫先生とともに 2014 年度の講義をご担当くださった NPO 法人 PCM Tokyo の高橋佳子先生、久野叔彦先生、2013 年度にご担当くださった国際開発センターの佐々木亮先生には、プロジェクトマネジメント講義が現在の形になるまでさまざまなアイディアをいただきました。記して、心より感謝申し上げます。

　最後に、プロジェクトマネジメントを法学研究・政治学研究に活用したいという試みにご賛同くださり、テキストにまとめる機会をくださった大迫先生に改めて感謝申し上げます。ありがとうございました。

　　　2015 年 8 月

　　　　　　　　　　　　　　　　　　　　　　　　　　　砂原　美佳

索引

数字・アルファベット

1次資料 86
2重線 77, 78
if-and-then 136, 140, 147
if-then 143, 147
KJ法 27
MBWA（Management By Walking Around） 104
PCM（Project Cycle Management）
 .... 16, 27, 116, 129-153
PDCA（Plan-Do-Check-Action）
 .... 16-18, 130
PDM（Precedence Diagramming Method） 51
PDM（Project Design Matrix） ... 116, 130, 135-136, 139, 140, 145-148, 149, 150, 151
PMBOK® 12, 15, 16, 133, 153
QC（品質管理） 16, 65
single point of responsibility ... 97, 101
WBS（Work Breakdown Structure）
 .... 42-47, 48, 49, 50, 51, 55, 63, 69, 84, 93, 104, 113, 114, 115, 118, 120, 125
WBSコード 43, 45, 50

かな

あ行

アウトプット 44
アクノレッジメント（acknowledgement） 105
安定期（Norming） 103
一貫性 130, 136
イナズマ線 77, 78, 99
影響度 67-74
エッセイ 3-5
エンドユーザー 65, 66
往路分析（スケジューリング） 53
オーバーヘッド（コスト） 61

か行

会議 97-99, 104, 105, 116
回避（リスク） 68, 72, 150
外部条件（PDM） 145, 147, 150
学位論文（thesis） 8-10, 86, 109
学術論文 7, 8, 86
学士論文 8
活動（PDM） 140, 145-149
活動（WBS） 42-46
活動（ロジックモデル） ... 38, 39, 40, 101, 124
活動計画表（PCM） 139, 140, 149
課程博士 9
関係者分析（PCM） 27-31, 32, 120, 121, 130, 139, 140, 141
間接費 61-64, 127
ガント・チャート 56
起承転結 5
期待金額価値分析（EMV） 72
既知の未知 62
キックオフ 115
キックオフ・ミーティング ... 101-102
逆（ループ図） 35, 36
教訓 17, 19, 82, 140, 151

教授会 84
共同研究 39, 42, 48, 55, 69,
　　91-105, 107-122
クリティカル・パス 51-56, 60, 93
計画 17, 18, 19, 20, 38, 76-80, 113,
　　115, 135, 136, 145
計画プロセス 18-19, 20, 41-74, 85
軽減（リスク） 73
係数見積もり（所要期間／コスト）
　　. . . . . 49, 62, 63
原因—結果 31, 32, 33, 136, 140, 142
研究計画書 22, 23, 25, 83
研究テーマ 19, 20, 22-26, 27, 28, 31,
　　37, 38, 85, 87, 92, 110, 120, 121, 122, 130
研究トピック 19, 26, 37, 110, 116
研究方法 25
研究目的 25
原著論文 7, 8, 9
後続作業（スケジューリング） 51,
　　52, 54
公聴会（ディフェンス） 84
顧客満足 65
コスト見積もり 42, 61-64, 127
コミットメント 101
コミュニケーション管理 19, 96-99
コミュニケーション計画 . . . 42, 97, 98, 99
コミュニケーション・ツール . . . 46, 117,
　　119, 121, 133
コミュニケーション履歴 98
コンティンジェンシー予備 62, 73

さ行

最早開始月 52, 53, 56
最早終了月 52, 56
最遅開始月 52
最遅終了月 52, 56
作業順序 48, 50-51, 53, 56, 60

作業負荷／作業負荷の平準化 . . . 56-60
作業負荷ヒストグラム . . . 58, 59, 94-96
作文（感想文） 3, 4, 9
査読 7, 9
サブシディアリー・リサーチ・クエス
　　チョン（SRQ） 26, 37
サブ成果 43, 45
サマリー・スケジュール 60
参加型 27, 133, 136, 137
識別子（WBCコード） 45
自己強化型ループ 35, 36
システム思考 27, 34
実行／実行プロセス . . . 17, 19, 20, 75-80,
　　85, 101
指標（PDM） 145, 146, 147, 149, 150
終結／終結プロセス . . . 18, 19, 20, 81-89
修士論文 8, 13, 23, 24, 39, 53,
　　66, 84, 87, 88
シューハート 16
手段—目的 136, 143, 144, 146
受容（リスク） 73
上位目標（PDM） 145, 146, 147,
　　148, 151
上位目標（ロジックモデル） . . 38, 40, 124
使用適合性 65
小論文 2-5, 8, 9
所要期間 48-56, 58, 93, 94
序論・本論・結論 5
審査委員 84
進捗報告書 99, 100, 102
進捗モニタリング . . . 76-78, 80, 99-100
人的資源管理 46, 94-96
真のニーズ 65
遂行期（Performing） 103
スケジューリング 42, 46, 47-61,
　　93-94, 95
スケジュール 26, 47-61, 69, 77, 92,
　　93-94, 101, 102, 113, 118, 140, 149

スケジュール・バーチャート .. 19, 20, 56, 57, 58, 59, 61, 66, 76, 77, 84, 93, 94, 95, 99, 104, 126, 149
スコープ............15, 16, 46, 80, 118
スコープ・クリープ.............80
ステークホルダー.......18, 22, 27-30, 39, 42, 136, 137, 140, 141
成果／成果物........13, 15, 16, 18, 19, 22, 25, 38, 39, 40, 42-46, 64-66, 77, 82, 83, 101, 102, 115, 136, 140, 145-151
生活費......................63
制約条件................15, 22
成立期（Forming）............102
是正処置................19, 79
説明責任...................136
線形思考....................34
先行研究........4, 8, 9, 22, 24, 25
先行作業.............50-56, 93
前後関係................48, 50
全体スケジュール.......60, 101, 115
選択基準（PCM）............144
前提条件（PDM）.......145, 147, 148
草稿......................84
卒業論文..................3, 8
ソフトウェア..............55, 56

た行

ターゲット・グループ（PCM）...141, 144, 145
代替指標（PCM）..........146-147
立ち上げ／立ち上げプロセス..18, 19, 21-40, 42, 85, 92, 115, 130
段階的詳細化.........13, 60, 79
チーム育成.............102-103
チームビルディング...........117
チーム・メンバー....92, 93, 94, 96, 97, 99, 101, 102-105

中間指標（PCM）..........149, 150
中間発表..............83, 84, 85
中心問題.......31, 32, 33, 34, 118, 142
直接費...................61-63
提言...................140, 151
定常業務................13, 14
定性的リスク分析.....67, 69-71, 128
定量的リスク分析......67, 68, 71-72
デシジョン・ツリー分析........72
デミング....................17
デリバラブル（deliverables）....44, 45
転嫁（リスク）...............72
同（ループ図）.............35, 36
投入.......18, 22, 38, 39, 140, 145, 147, 148, 149, 151
透明性....................136
動乱期（Storming）........102, 103
独自................12, 13, 66
特性要因図...................27
トップダウン見積もり.......62, 63
トリガー・ポイント.........73, 128

な行

なぜ―なぜなら..........32, 33, 142
ナレッジマネジメント..........118
入手手段（PDM）..........145, 147
ネットワーク図......50, 51, 53, 56, 93

は行

バーチャート
→ スケジュール・バーチャート
ハイコンテクスト..............7
博士論文....8, 9, 13, 24, 39, 66, 83, 83-89
パソコン・ソフト.............48
発生確率................67-74
発生時対策.........70, 71, 73, 128

パラメトリック見積もり......... 62
バランス型ループ............35, 36
非線形思考.................... 34
評価（プロジェクト）...17, 19, 82, 135,
　　136, 139, 140, 151
評価／改善プロセス...........19, 20
評価5項目.................144, 151
剽窃.......................... 86
品質管理（QC）........ 42, 65, 66, 76
品質マネジメント............64-66
フィードバック........17, 96, 98, 99,
　　104, 138, 150
不確定要素.......... 13, 19, 60, 62, 66
復路分析....................53, 54
プレシデンス・ダイアグラム法（PDM：
　　Precedence Diagramming Method）
　　........................... 51
フロート..........52, 54, 55, 56, 57, 59
プログラム.................13, 148
プロジェクト（定義）.........12-13
プロジェクト・サイクル... 16-20, 136
プロジェクト・スコープ記述書...22, 39
プロジェクトチーム管理.....101-105
プロジェクトチーム編成.......92-93
プロジェクトの選択（PCM）.....139,
　　140, 144, 146
プロジェクトの要約（PDM）.....145,
　　146, 147
プロジェクトマネジメント(定義)...14-15
プロジェクトマネジメント・ソフト
　　ウェア...................... 55
プロジェクト・マネジャー .80, 97, 101,
　　102, 103, 104, 105
プロジェクト目標........16, 39, 40, 43,
　　44, 45, 46, 64, 65, 80, 101, 103, 104, 145,
　　146, 147, 148, 150, 151
プロジェクト・リーダー......... 101
プロジェクト・ロジックモデル...38-40,

　　45, 46, 92, 101, 104, 109, 124, 130
並行関係（スケジューリング）.... 50
平準化......................94-96
変更（プロジェクト）.... 14, 20, 55, 72
変更管理................76, 79-80
変更管理システム...........79, 80
変更承認....................... 79
変更要求....................... 79
報告書...........6, 8, 9, 97, 98,
　　99, 100, 101, 102, 104, 105, 147
ボトムアップ見積もり.........62, 63

ま行

マイクロ・マネジメント......... 105
マイルストーン...56, 57, 76, 77, 101, 150
孫引き........................ 86
マスタースケジュール... 114, 115, 118
マネジメント予備............62, 73
未知の未知.................... 62
ミッシー...................... 46
メジャー・リサーチ・クエスチョン
　　（MRQ）..................26, 37
目的系図.... 140, 143, 144, 146, 147, 148
目的分析............136, 139, 140, 143
モデレーター.................. 138
モニタリング........139, 140, 147, 150
モニタリング・システム......... 150
問題系図......... 31, 32, 33, 34, 36, 37,
　　104, 142, 143
問題分析...27, 31-34, 110, 116, 120, 121,
　　130, 136, 139, 140, 142
モンテカルロ・シミュレーション ...72

や行

有期（プロジェクト）......13, 18, 135
有期性.......................12, 13

要求事項.................15, 16, 65
予備審査...................83, 85
予防対策............70, 71, 73, 128

ら行

リーダー......97, 99, 101, 103, 104, 105
リーダーシップ............103-105
リサーチ・クエスチョン......19, 26,
　　37-38, 118, 121-122
リスク管理...............19, 42, 62
リスク管理計画........19, 42, 66-74
リスク識別...........67, 69, 70, 74
リスク対応計画...67, 68, 69, 72-74, 128
リスクの監視コントロール.....67, 68
リスク・マネジメント計画....67, 68, 69
リンク線...................56, 57
類推見積もり.............49, 62, 63
ループ図............27, 34-36, 104
レポート..............2-5, 8, 9, 10
論文......................2-10
論文審査...........20, 57, 81-89
論文博士.....................9
論理性...................4, 136

わ行

ワークショップ........136, 137, 138
ワーク・パッケージ........42, 44, 45

【著者紹介】

大迫　正弘（おおせこ・まさひろ）

NPO法人PCM Tokyo理事、有限会社ネフカ代表取締役、開発コンサルタント
関西学院大学、名古屋大学大学院ほか非常勤講師
早稲田大学第2文学部卒、北陸先端科学技術大学院大学博士課程在籍中
　著　書：『グローバル人材に贈るプロジェクトマネジメント』（共著、関西学院大学出版
　　　　　会、2013年）ほか

砂原　美佳（すなはら・みか）

名古屋大学大学院法学研究科、名古屋商科大学非常勤講師
NPO法人PCM Tokyo正会員、日本カンボジア法律家の会 正会員
日本評価学会認定評価士
名古屋大学大学院国際開発研究科博士課程修了（学術博士）

關谷　武司（せきや・たけし）

関西学院大学国際学部教授、学長補佐
NPO法人国際協力アカデミー事務局長
広島大学教育学部卒、広島大学大学院教育学研究科博士課程修了（学術博士）
　著　書：『グローバル人材に贈るプロジェクトマネジメント』（共著、関西学院大学出版
　　　　　会、2013年）ほか

【執筆担当】

はじめに		大迫
「論文執筆プロジェクトマネジメント」授業実況中継		大迫
第1章	論文とは	關谷
第2章	プロジェクトとしての論文執筆	大迫
第3章	立ち上げプロセス：研究テーマを決める	大迫、砂原
第4章	計画プロセス：執筆計画を立てる	大迫
第5章	実行プロセス：執筆する	大迫
第6章	終結プロセス：論文審査	砂原、大迫
第7章	共同研究のプロジェクトマネジメント	大迫
第8章	プロジェクトとしての論文執筆 実践例	砂原
補　遺	PCMハンドブック	大迫
あとがき		砂原

プロジェクトとしての論文執筆
修士論文・博士論文の執筆計画

2016年2月20日初版第一刷発行

著　者	大迫正弘　砂原美佳　關谷武司
発行者	田中きく代
発行所	関西学院大学出版会
所在地	〒662-0891
	兵庫県西宮市上ケ原一番町 1-155
電　話	0798-53-7002
印　刷	株式会社 遊文舎

©2016 Masahiro Oseko, Mika Sunahara, Takeshi Sekiya
Printed in Japan by Kwansei Gakuin University Press
ISBN 978-4-86283-211-5
乱丁・落丁本はお取り替えいたします。
本書の全部または一部を無断で複写・複製することを禁じます。